Party
Rezepte

Dr. Oetker

Party Rezepte

Dr. Oetker

Weltbild

Vorwort

Neues aus der Partyküche! Die Nachfolger von Pfundstopf und Schichtsalat sind da:
Vom Mexikanischen Blechkuchen über die Taco-Torte, den Asiatischen Schichtsalat, den Currytopf mit Kokosmilch, den Sieben-Pfund-Topf und den Arabischen Hähnchenauflauf bis hin zum 24-Stunden-Geschnetzelten, Champagnerfleisch oder Domino-Dessert.

Für jede Party – zu welchem Anlass auch immer – finden Sie in diesem Buch die passenden Rezepte. Ein reichhaltiges und leckeres Angebot von kleinen Gerichten, Salaten, Suppen und Eintöpfen, Aufläufen, Fleischgerichten und Desserts.

Neue Rezepte, neue Fotos und vor allem gut vorzubereiten. So oder so werden die vorgeschlagenen Rezepte dafür sorgen, dass Sie und Ihre Gäste die Party genießen können.

Alle Rezepte wurden von Dr. Oetker ausprobiert und sind so beschrieben, dass sie Ihnen auf Anhieb gelingen.

Jetzt kann die Party richtig losgehen!

ZUBEREITUNGSZEIT:
100 Minuten

PRO STÜCK: E: 3 g, F: 7 g,
Kh: 14 g, kJ: 561, kcal: 134, BE: 1,0

FÜR 24 STÜCK:
ZUTATEN:
600 g kleine Schalotten
Salzwasser
40 g Butter oder Margarine
2 gestr. EL Zucker
300 ml trockener Rotwein
5 mittelgroße Zucchini (etwa 750 g)
Salzwasser
500 g Cocktailtomaten
einige Schnittlauchhalme

300 g Ziegenfrischkäse
40 g weiche Butter
gemahlener Pfeffer
3 EL weißer Balsamico-Essig
6 EL Olivenöl
2 Knoblauchzehen
1 EL Olivenöl
2 Ciabatta-Brote

24 Holzspieße
Minzeblätter zum Garnieren

Gemischte Vorspeisenspieße

Mit Alkohol

1. Schalotten abziehen. Salzwasser zum Kochen bringen und die Schalotten darin etwa 5 Minuten kochen. Dann auf ein Sieb geben, mit kaltem Wasser abschrecken und abtropfen lassen.
2. In einer Pfanne Butter oder Margarine zerlassen. Schalotten darin anschwitzen, mit Zucker bestreuen und leicht karamellisieren lassen. Rotwein hinzugießen und etwas einkochen lassen. Schalotten im Rotweinsud abkühlen lassen.
3. Zucchini waschen, abtrocknen und die Enden abschneiden. Zucchini mit der Aufschnittmaschine oder dem Gemüsehobel in dünne Längsscheiben schneiden. Salzwasser wieder zum Kochen bringen und die Zucchinischeiben darin blanchieren. Dann die Scheiben mit kaltem Wasser abschrecken und abtropfen lassen.
4. Tomaten waschen und trocken tupfen. Von jeder Tomate einen Deckel abschneiden und mit einem Teelöffel oder einem Löffelstiel vorsichtig aushöhlen.

5. Schnittlauch abspülen, trocken tupfen und in Röllchen schneiden. Den Ziegenfrischkäse mit der Butter verrühren. Schnittlauchröllchen unterrühren. Die ausgehöhlten Tomaten mit der Käsemischung füllen und mit Salz und Pfeffer bestreuen.
6. Zucchinischeiben in eine Schale legen, mit Salz und Pfeffer bestreuen und mit Essig und Olivenöl beträufeln.
7. Knoblauch abziehen, fein würfeln und mit Olivenöl mischen. Ciabattascheiben damit bepinseln und in einer beschichteten Pfanne rösten. Schalotten abtropfen lassen.
8. Aus den Zucchinischeiben Röllchen drehen, mit den Tomaten und Schalotten auf Holzspieße stecken. Die Spieße mit Minzeblättern garnieren. Dazu geröstetes Brot reichen.

ZUBEREITUNGSZEIT: 50 Minuten, ohne Durchziehzeit

PRO STÜCK:

E: 2 g, F: 4 g, Kh: 5 g, kJ: 283, kcal: 68, BE: 0,5 (mit Frischkäse)

E: 3 g, F: 5 g, Kh: 4 g, kJ: 307, kcal: 73, BE: 0,5 (mit Matjes)

E: 2 g, F: 2 g, Kh: 5 g, kJ: 208, kcal: 50, BE: 0,5 (mit Quark-Frischkäse)

FÜR JE 25–30 STÜCK:
FÜR PUMPERNICKELTALER MIT FRISCHKÄSE:
200 g Doppelrahm-Frischkäse
150 g Crème fraîche
1 EL Milch
1 Frühlingszwiebel (in Scheiben)
Worcestersauce
Salz
gemahlener Pfeffer

75–90 Pumpernickeltaler

je 1 rote und grüne, fein gewürfelte Paprikaschote
15 abgetropfte, grüne Oliven (in Scheiben geschnitten)

FÜR PUMPERNICKELTALER MIT MATJES:
400 g Matjesfilet
2 Schalotten
2 Gewürzgurken

2 Tomaten
1 EL fein geschnittener Dill
1 EL fein geschnittene Petersilie
4 EL Sonnenblumenöl
2 EL Weißweinessig
etwas Zucker
30 g Butter (zimmerwarm)
einige vorbereitete Stängel Dill

FÜR PUMPERNICKELTALER MIT QUARK-FRISCHKÄSE:
200 g Doppelrahm-Frischkäse
125 g Magerquark
gemahlene Kümmelsamen
einige Spritzer Tabasco
Paprikapulver rosenscharf und edelsüß
vorbereitete, blaue und grüne, kernlose Weintraubenhälften

Pumpernickeltaler

Raffiniert

1. Für die Pumpernickeltaler mit Frischkäse den Frischkäse mit Crème fraîche und Milch verrühren. Die Frühlingszwiebelscheiben unterrühren. Die Frischkäsemasse mit Worcestersauce, Salz und Pfeffer würzen und kuppelförmig auf 25–30 Pumpernickeltaler streichen. Pumpernickeltaler mit Paprikawürfeln und Olivenscheiben garnieren.
2. Für die Pumpernickeltaler mit Matjes Matjesfilets evtl. entgräten und sehr fein würfeln. Die Schalotten abziehen. Gurken und Schalotten ebenfalls sehr fein würfeln.
3. Tomaten kreuzweise einschneiden und mit kochendem Wasser übergießen. Nach 1–2 Minuten herausnehmen und mit kaltem Wasser abschrecken. Tomaten enthäuten, halbieren und die Stängelansätze herausschneiden. Die Tomaten fein würfeln.

4. Matjes-, Gurken-, Schalotten- und Tomatenwürfel mit Dill und Petersilie vermengen. Sonnenblumenöl und Essig unterrühren, mit Salz, Pfeffer und Zucker würzen. Matjesmischung etwas durchziehen lassen.
5. Dann 25–30 Pumpernickeltaler mit etwas Butter bestreichen. Die Matjesfiletmischung mit einem Eisportionierer oder 2 Teelöffeln formen, daraufsetzen und mit den Dillstängeln garnieren.
6. Für die Pumpernickeltaler mit Quark-Frischkäse den Frischkäse mit Magerquark verrühren, mit Kümmel, Salz, Pfeffer, Tabasco und Paprikapulver würzen.
7. Frischkäsemasse in einen Spritzbeutel mit Sterntülle füllen und als Tuffs auf 25–30 Pumpernickeltaler spritzen. Die Pumpernickeltaler mit den Weintraubenhälften garnieren.

ZUBEREITUNGSZEIT: 45 Minuten, ohne Kühlzeit

PRO STÜCK:

E: 2 g, F: 2 g, Kh: 8 g, kJ: 265, kcal: 63, BE: 0,5 (Ricotta-Rucola-Sandwich)

E: 4 g, F: 5 g, Kh: 12 g, kJ: 443, kcal: 106, BE: 1,0 (Gorgonzola-Birnen-Sandwich)

E: 4 g, F: 1 g, Kh: 12 g, kJ: 320, kcal: 76, BE: 1,0 (Mango-Putenbrust-Sandwich)

FÜR JE 12 STÜCK:
ZUTATEN:
18 Scheiben Sandwichtoast

FÜR RICOTTA-RUCOLA-SANDWICHES:
60 g vorbereiteter, klein gezupfter Rucola (Rauke)
125 g Ricotta (ital. Frischkäse)
Salz
gemahlener Pfeffer
4 Cocktailtomaten (in Scheiben)

FÜR GORGONZOLA-BIRNEN-SANDWICHES:
230 g abgetropfte Birnenhälften (aus der Dose)

3 EL Birnensaft (aus der Dose)
150 g Gorgonzola
Paprikapulver edelsüß
3 vorbereitete Salatblätter

FÜR MANGO-PUTENBRUST-SANDWICHES:
100 g Mangofruchtfleisch, gewürfelt
2 EL Mango-Chutney
1 EL Zitronensaft
1 Banane
3 vorbereitete Salatblätter
150 g Putenbrustaufschnitt, gewürfelt

Sandwich-Variationen

Aus der Hand in den Mund

1. Von den Sandwichscheiben die Rinden abschneiden.
2. Für Ricotta-Rucola-Sandwiches die Hälfte des Rucolas mit Ricotta pürieren, mit Salz und Pfeffer würzen. Die Creme auf 6 Sandwichscheiben streichen, 3 davon zusätzlich mit dem restlichen Rucola und den Tomaten belegen. Die anderen Sandwichscheiben darauflegen.
3. Für Gorgonzola-Birnen-Sandwiches Birnenhälften klein würfeln. Birnensaft mit Gorgonzola pürieren. Birnenwürfel unterheben und mit Pfeffer und Paprika würzen. Auf 3 Sandwichscheiben etwas Creme streichen, Salatblätter darauflegen und restliche Creme daraufstreichen. Mit weiteren 3 Sandwichscheiben bedecken.
4. Für Mango-Putenbrust-Sandwiches die Mangowürfel mit dem Mango-Chutney verrühren, mit Salz, Pfeffer und Zitronensaft würzen. Die Banane schälen, klein würfeln und ebenfalls unterrühren.

5. Die Mangomasse auf 6 Sandwichscheiben streichen. 3 Sandwichscheiben zusätzlich mit je 1 Salatblatt belegen. Putenbrust auf dem Salat verteilen und mit je einer bestrichenen Sandwichscheibe bedecken.
6. Alle Sandwiches fest andrücken, in Frischhaltefolie wickeln, beschweren (z. B. mit einem Schneidbrett und Konservendosen) und etwa 1 Stunde in den Kühlschrank stellen.
7. Sandwiches aus der Folie nehmen und zweimal diagonal durchschneiden, sodass jeweils 4 kleine Sandwiches entstehen. Die Sandwiches auf einer Platte anrichten.

ZUBEREITUNGSZEIT: 35 Minuten, ohne Teiggeh- und Abkühlzeit

BACKZEIT: etwa 20 Minuten

PRO PORTION: E: 9 g, F: 10 g, Kh: 27 g, kJ: 1000, kcal: 239, BE: 2,0

FÜR 10–12 PORTIONEN:
ZUTATEN:
FÜR DEN HEFETEIG:
350 g Weizenmehl (Type 550)
1 Pck. Dr. Oetker Trockenbackhefe
1 Prise Salz
3 EL Olivenöl
250 ml lauwarmes Wasser

FÜR DEN BELAG:

2 mittelgroße Zwiebeln
150 g gewürfelter, durchwachsener Speck, z. B. Bacon
250 g Speisequark (20 % Fett)
150 g saure Sahne
1 TL Zucker
½ TL Salz
gemahlener Pfeffer
geriebene Muskatnuss

glatte Petersilie

Flammkuchen
vom Blech mit Quark

Klassisch

1. Für den Teig Mehl in eine Rührschüssel geben, mit Trockenbackhefe sorgfältig vermischen. Salz, Olivenöl und Wasser hinzufügen. Die Zutaten mit einem Mixer (Knethaken) zunächst kurz auf niedrigster, dann auf höchster Stufe in etwa 5 Minuten zu einem glatten Teig verarbeiten. Den Teig leicht mit Mehl bestäuben und zugedeckt so lange an einem warmen Ort gehen lassen, bis er sich sichtbar vergrößert hat (etwa 30 Minuten).

2. In der Zwischenzeit für den Belag Zwiebeln abziehen, zuerst in dünne Scheiben schneiden, dann in Ringe teilen. Speckwürfel in einer Pfanne ohne Fett kurz erhitzen. Zwiebelringe hinzugeben und etwa 1 Minute unter mehrmaligem Wenden miterhitzen. Die Speck-Zwiebel-Masse auf einem Teller abkühlen lassen. Quark in eine Rührschüssel geben. Saure Sahne unterrühren. Mit Zucker, Salz, Pfeffer und Muskat würzen.

3. Den gegangenen Teig aus der Schüssel nehmen und auf der bemehlten Arbeitsfläche nochmals kurz durchkneten. Den Teig auf ein Backblech (30 x 40 cm, gefettet) geben und mit bemehlten Händen darauf verteilen. Die Quarkmasse daraufgeben und gleichmäßig verstreichen. Die Speck-Zwiebel-Masse darauf verteilen. Den Teig nochmals zugedeckt etwa 15 Minuten an einem warmen Ort gehen lassen.

4. In der Zwischenzeit den Backofen vorheizen: Ober-/Unterhitze etwa 200 °C Heißluft etwa 180 °C

5. Das Backblech in den vorgeheizten Backofen schieben. Den Flammkuchen **etwa 20 Minuten backen.**

6. Das Backblech auf einen Kuchenrost stellen. Den Flammkuchen in Rechtecke oder Quadrate schneiden. Petersilie abspülen und trocken tupfen. Die Blättchen von den Stängeln zupfen und grob zerschneiden. Den Flammkuchen damit bestreuen und warm servieren.

Beilage: Blattsalat.

ZUBEREITUNGSZEIT: 55 Minuten

BACKZEIT: etwa 20 Minuten

PRO PORTION: E: 20 g, F: 30 g, Kh: 28 g, kJ: 1799, kcal: 430, BE: 2,0

FÜR 12 PORTIONEN:
ZUTATEN:
FÜR DIE FÜLLUNG I:
2 EL Olivenöl
400 g Rindergehacktes
1 Knoblauchzehe
1 Zwiebel
½ rote Paprikaschote
1 EL Tomatenmark
Salz, gemahlener Pfeffer

Chilipulver
1 EL frisch gehackter Koriander

FÜR DIE FÜLLUNG II:
300 g Hähnchenbrustfilet
1 EL Olivenöl
Paprikapulver edelsüß
1 EL Weizenmehl
1 rote Pfefferschote
2 EL Olivenöl

300 g Soft Tacos
(Ø 17–18 cm, 8 Stück)
1 Glas (200 ml) milde Tacosauce

2 kleine Tomaten
14–16 Schnittlauchhalme

100 g geriebener Goudakäse

FÜR DEN SALAT:
1 kleiner Kopf Eisbergsalat
2 ½ rote Paprikaschoten
1 Bund Frühlingszwiebeln
3 Tomaten
2 Avocados

FÜR DAS DRESSING:
1–2 EL Weißweinessig
Salz, gemahlener Pfeffer
1 Prise Zucker
3 EL Olivenöl

250 g Kräuter Crème fraîche

Taco-Torte mit Salat

Etwas aufwändiger

1. Für die Füllung I Olivenöl in einer Pfanne erhitzen. Gehacktes darin unter Rühren anbraten. Dabei die Fleischklümpchen mit einer Gabel zerdrücken. Knoblauch und Zwiebel abziehen. Paprikaschote halbieren, entstielen, entkernen und die weißen Scheidewände entfernen. Schotenhälfte waschen, trocken tupfen.

2. Knoblauch, Zwiebel und Paprika klein würfeln, zu dem Gehackten geben, etwa 5 Minuten unter Rühren mit anbraten. Tomatenmark unterrühren. Mit Salz, Pfeffer und Chili würzen. Koriander unterrühren. Die Hackfleischmasse auf einen Teller geben.

3. Für die Füllung II Hähnchenbrustfilet kalt abspülen, trocken tupfen, in feine Streifen schneiden und in eine Schüssel geben. Olivenöl, Paprika, etwas Salz, Pfeffer und Mehl gut untermischen. Pfefferschote halbieren, entstielen, entkernen, waschen, trocken tupfen, in feine Streifen schneiden. Jeweils 1 Esslöffel Olivenöl in einer Pfanne erhitzen. Die Hähnchenfleischmischung darin in 2 Portionen unter Rühren kurz anbraten. Pfefferschotenstreifen unterrühren, kurz mit anbraten. Hähnchenfleischmasse auf einen Teller geben.

4. Tacos mit je 1 Esslöffel Tacosauce bestreichen und halbieren. Tomaten waschen, trocken tupfen, Stängelansätze herausschneiden und in Scheiben schneiden. Schnittlauch abspülen, trocken tupfen.

5. Etwa 2 Esslöffel der Hackfleischmasse auf 8 Tacohälften

verteilen, mit je 1 Tomatenscheibe belegen. Tacohälften aufrollen und mit je einem Schnittlauchhalm umwickeln.

6. Den Backofen vorheizen.
Ober-/Unterhitze etwa 200 °C
Heißluft etwa 180 °C

7. Die restlichen Tacohälften mit etwa 2 Esslöffeln der Hähnchenfleischmasse belegen, aufrollen und mit Schnittlauchhalmen umwickeln. Je 7 Hähnchenfleisch- und Hackfleischtacos im Wechsel mit der Nahtseite nach unten in eine Springform (Ø 28 cm, gefettet) legen. Die restlichen Tacos halbieren und senkrecht in die Mitte der Springform setzen. Tacorollen mit Käse bestreuen.

8. Die Form auf dem Rost in den vorgeheizten Backofen schieben. Die Taco-Torte **etwa 20 Minuten backen.**

9. Für den Salat Eisbergsalat putzen, waschen, abtropfen lassen, in schmale Streifen schneiden. Paprikaschoten halbieren, entstielen, entkernen, weiße Scheidewände entfernen. Schotenhälften waschen, trocken tupfen, in schmale Streifen schneiden. Frühlingszwiebeln putzen, waschen, abtropfen lassen, in dünne Scheiben schneiden. Tomaten waschen, trocken tupfen, Stängelansätze heraus-schneiden. Tomaten in Scheiben schneiden. Avocados längs durchschneiden, jeweils den Stein herauslösen. Avocados schälen, in dünne Scheiben schneiden. Die vorbereiteten Salatzutaten in einer großen Schüssel mischen.

10. Für das Dressing Essig mit Salz, Pfeffer und Zucker verrühren, Olivenöl unterschlagen. Salatzutaten mit Dressing vermischen. Die warme Taco-Torte mit Salat und Crème fraîche servieren.

ZUBEREITUNGSZEIT: 30 Minuten

BACKZEIT: etwa 12 Minuten

PRO PORTION: E: 18 g, F: 12 g,
Kh: 32 g, kJ: 1307, kcal: 312,
BE: 2,5

FÜR 12 PORTIONEN:
ZUTATEN:
4 Fleischtomaten
2 EL TK-Knoblauch-Kräuter-
Mischung oder
1 TL Pizza-Gewürz-Mischung
2 EL Olivenöl
Salz
gemahlener Pfeffer
6 Scheiben Kochschinken
500 g Mozzarella
12 kleine Aufbackbrötchen
(je 50–70 g, aus dem Brotregal)

Schnelle Pizza-Brötchen

Gut vorzubereiten

1. Den Backofen vorheizen.
Ober-/Unterhitze 200 °C
Heißluft 180 °C
2. Tomaten waschen, abtrocknen, halbieren und Stängelansätze herausschneiden. Tomaten in kleine Würfel schneiden,
auf ein Sieb geben, abtropfen lassen. Tomatenwürfel mit der
Knoblauch-Kräuter- oder Pizza-Gewürz-Mischung und dem
Olivenöl vermischen. Mit Salz und Pfeffer würzen.
3. Kochschinken-Scheiben übereinanderlegen und in
4 breite Streifen schneiden. Mozzarella abtropfen lassen
und in feine Scheiben schneiden.
4. Die Brötchen auf einem Backblech (mit Backpapier
belegt) verteilen. Die Brötchen waagerecht der Länge nach
je zweimal ein-, aber nicht durchschneiden. Die Einschnitte
vorsichtig etwas auseinanderdrücken. Tomatenwürfel
und Schinkenstreifen darin verteilen, Mozzarellascheiben
darauflegen. Das Backblech in den vorgeheizten Backofen
schieben. Die Brötchen **etwa 12 Minuten backen.**
5. Die Pizzabrötchen sofort vom Backblech nehmen und
noch warm servieren.

ZUBEREITUNGSZEIT: 30 Minuten,
ohne Durchziehzeit

PRO PORTION: E: 31 g, F: 30 g,
Kh: 10 g, kJ: 1807, kcal: 432,
BE: 0,5

FÜR 12 PORTIONEN:
ZUTATEN:
24 Heringsfilets (etwa 1 ½ kg,
süßsauer eingelegt)
3 Gemüsezwiebeln
9 hart gekochte Eier
3 kleine Chilischoten
450 g Crème légère oder
400 g Schmand (Sauerrahm)

3 TL flüssiger Honig oder Zucker
6 EL Currypulver, indisch
Salz
gemahlener Pfeffer

3 hart gekochte Eier

Heringsfilet

Gut vorzubereiten

mit Eiern und Curry

1. Heringsfilets gut abtropfen lassen und in etwa 3 cm
breite Stücke schneiden. Zwiebeln abziehen, halbieren und
in feine Scheiben schneiden. Eier pellen und mit einem
Eierschneider in Scheiben schneiden.
2. Chilischoten halbieren, entstielen, entkernen, abspülen
und abtropfen lassen. Chilihälften in sehr kleine Stücke
schneiden. Crème légère oder Schmand mit Honig oder
Zucker, Curry und Chilistücken verrühren und mit Salz und
Pfeffer würzen.
3. Heringsfiletstücke mit Zwiebel- und Eierscheiben in eine
große Schüssel geben. Die Sauce vorsichtig unterheben. Den
Salat mit Frischhaltefolie zugedeckt kalt stellen und etwa
24 Stunden durchziehen lassen.
4. Eier pellen und in Scheiben schneiden. Den Salat mit den
Eierscheiben garnieren.

Tipp: Dazu dunkles Brot oder Pumpernickel mit Butter
servieren. Man kann statt Heringsfilets süßsauer auch
normale Heringsfilets nehmen. Diese vor dem Verarbeiten
unter fließendem kalten Wasser abspülen und trocken
tupfen. Dann etwas mehr Honig oder Zucker hinzugeben,
damit die typische süße Note, die durch die Schärfe des
Currypulvers abgerundet wird, erhalten bleibt.

ZUBEREITUNGSZEIT: 35 Minuten

GARZEIT: etwa 25 Minuten

PRO PORTION: E: 29 g, F: 24 g, Kh: 12 g, kJ: 1590, kcal: 379, BE: 1,0

FÜR 12 PORTIONEN:
ZUTATEN:
2 Brötchen (Semmeln) vom Vortag
1 ¼ kg Gehacktes (halb Rind-, halb Schweinefleisch)
4 Eier (Größe M)
4 EL frisch gehackte Petersilie
2 EL Schnittlauchröllchen
1 EL frisch gehacktes Basilikum
Salz
gemahlener Pfeffer
½ TL Paprikapulver edelsüß

560 g Mexikanische Gemüse-mischung (aus Dosen)
1 TL rosa Pfefferbeeren

250 g Mozzarella

evtl. Thymianzweige
evtl. Basilikumblättchen

AUSSERDEM FÜR
DIE FETTPFANNE:
etwas Speiseöl
Semmelbrösel

Mexikanischer Blechkuchen

Raffiniert

1. Die Brötchen in kaltem Wasser einweichen und anschließend gut ausdrücken.
2. Gehacktes in eine große Schüssel geben. Eier, Petersilie, Schnittlauchröllchen, Basilikum und die eingeweichten Brötchen hinzugeben und gut unterarbeiten. Mit Salz, Pfeffer und Paprika würzen.
3. Gemüsemischung auf einem Sieb abtropfen lassen. Die Hälfte der Gemüsemischung unter die Hackfleischmasse geben.
4. Den Backofen vorheizen.
Ober-/Unterhitze etwa 200 °C
Heißluft etwa 180 °C
5. Die Hackfleischmasse in eine Fettpfanne (30 x 40 cm, mit Speiseöl bestrichen, mit Semmelbröseln bestreut) geben und mit einer Teigkarte verstreichen. Restliche Gemüsemischung darauf verteilen und etwas in die Hackfleischmasse drücken. Pfefferbeeren daraufstreuen.

6. Mozzarella abtropfen lassen und in dünne Scheiben schneiden. Mozzarellascheiben auf die Hackfleischmasse legen. Die Fettpfanne in den vorgeheizten Backofen schieben. Den mexikanischen Blechkuchen **etwa 25 Minuten garen.**
7. Nach Belieben Thymianzweige und Basilikumblättchen abspülen und trocken tupfen. Den mexikanischen Blechkuchen in Quadrate oder Rechtecke schneiden. Mit Thymianzweigen und Basilikumblättchen garniert servieren.

Beilage: Ofenfrisches Roggenbaguette und einen gemischten Blattsalat oder Krautsalat.

Tipp: Den Mexikanischen Blechkuchen können Sie auch in 2 Pizzaformen (Foto, Ø 28 cm) zubereiten.

ZUBEREITUNGSZEIT: 30 Minuten

BACKZEIT: etwa 10 Minuten
je Backblech

PRO PORTION: E: 10 g, F: 18 g,
Kh: 12 g, kJ: 1069, kcal: 255,
BE: 1,0

FÜR 12 PORTIONEN:
ZUTATEN:
12 Scheiben Buttertoast
(etwa 9 x 8 ½ cm)
12 EL Olivenöl
Salz
gemahlener Pfeffer
12 frische Eier

ZUM BESTREUEN:
etwa 50 g geriebener Gouda-
oder Emmentalekäse
25 g fein gewürfelter, magerer
Speck (geräuchert)

1 Bund Schnittlauch

Spiegeleier-Toast

Einfach

1. Den Backofen vorheizen.
Ober-/Unterhitze etwa 200 °C
Heißluft etwa 180 °C
2. Jeweils 6 Scheiben Toastbrot auf je ein Backblech (mit Backpapier belegt, mit etwas Olivenöl bestrichen) legen. Aus jeder Toastscheibe mit einer runden Ausstechform (Ø etwa 5 cm) einen Kreis ausstechen. Die Brotkreise ebenfalls auf die Backbleche legen.
3. Die Brotscheiben und -kreise mit Olivenöl bestreichen und mit Salz und Pfeffer bestreuen.
4. Die Eier jeweils in einer kleinen Tasse oder einem Glas aufschlagen und vorsichtig in die zuvor ausgestochenen Brotscheibenkreise gleiten lassen.
5. Die ausgestochenen Toastbrotkreise (Ø etwa 5 cm) mit dem geriebenen Käse und Speck bestreuen.
6. Die Backbleche nacheinander (bei Heißluft zusammen) in den vorgeheizten Backofen schieben. Spiegeleier-Toast **etwa 10 Minuten je Backblech backen.**
7. In der Zwischenzeit Schnittlauch abspülen, trocken tupfen und in Röllchen schneiden. Spiegeleier-Toast und die Brotkreise mit Schnittlauchröllchen bestreuen und heiß servieren.

Tipp: In die ausgestochenen Toastbrotscheiben jeweils 1 Scheibe Frühstücksspeck (Bacon) legen und das Ei vorsichtig daraufgeben. Oder die ausgestochenen Toastbrotscheiben mit Käse bestreuen und dann das Ei daraufgeben.

ZUBEREITUNGSZEIT: 30 Minuten

GARZEIT: 16–18 Minuten
je Backblech

PRO STÜCK: E: 7 g, F: 8 g, Kh: 9 g,
kJ: 558, kcal: 133, BE: 0,5

FÜR 24 STÜCK:
ZUTATEN:
900 g (24 Stück) vorgebackene
TK-Kartoffelrösti
500 g Käse mit Knoblauch,
in Scheiben
24 Cocktailtomaten
4 Möhren
Salzwasser
einige Stängel Basilikum
½ Bund Schnittlauch
frisch gemahlener, grober Pfeffer

Kartoffelrösti,
raffiniert belegt

Einfach

1. Den Backofen vorheizen.
Ober/Unterhitze etwa 220 °C
Heißluft etwa 200 °C
2. Kartoffelrösti aus der Packung nehmen und auf 2 Backbleche (mit Backpapier belegt) legen. Die Backbleche nacheinander (bei Heißluft zusammen) in den vorgeheizten Backofen schieben. Kartoffelrösti **etwa 8 Minuten je Backblech backen.**
3. In der Zwischenzeit Käsescheiben diagonal halbieren. Tomaten waschen, trocken tupfen, halbieren und die Stängelansätze herausschneiden. Möhren putzen, schälen, abspülen und abtropfen lassen. Möhren in dünne Scheiben schneiden. Salzwasser in einem Topf zum Kochen bringen. Möhrenscheiben darin etwa 3 Minuten garen, herausnehmen und auf einem Sieb abtropfen lassen.
4. Die Kartoffelrösti auf den Backblechen wenden. Mit Tomatenhälften, Möhrenscheiben und Käsedreiecken belegen. Die Backbleche wieder nacheinander (bei Heißluft zusammen) in den heißen Backofen schieben. Die Kartoffelrösti **bei der oben angegebenen Backofentemperatur weitere 8–10 Minuten backen**, bis der Käse zerlaufen ist.

5. Basilikum und Schnittlauch abspülen, trocken tupfen. Die Blättchen von den Basilikumstängeln zupfen. Schnittlauch in feine Röllchen schneiden. Die Rösti nach Belieben mit Pfeffer bestreuen und mit Basilikumblättchen und Schnittlauchröllchen garnieren.

Abwandlungen:
Überbackene Mozzarellapuffer: Dafür Kartoffelpuffer oder -rösti mit je 2 Salami-, Tomaten- und Mozzarellascheiben (250 g) belegen, mit buntem Pfeffer bestreuen und wie oben angegeben überbacken.
Kartoffelrösti mit Lachs: Dafür je 2 Rösti mit einer Scheibe geräucherten Lachs, Crème fraîche und Kaviar anrichten und mit Zitronenscheiben und Dillspitzen garnieren.

ZUBEREITUNGSZEIT: 40 Minuten

GARZEIT: 25–30 Minuten

PRO PORTION: E: 30 g, F: 28 g, Kh: 16 g, kJ: 1853, kcal: 442, BE: 1,0

FÜR 12 PORTIONEN:
ZUTATEN:
2 Brötchen (Semmeln) vom Vortag
2 rote Paprikaschoten
1 Bund Frühlingszwiebeln
1 ½ kg Gehacktes (halb Rind-, halb Schweinefleisch)
4 Eier (Größe M)
2 EL gehackte Petersilie
1 EL gehackter Koriander
8 EL Chilisauce mit Ananas
Salz
gemahlener Pfeffer
100 g gehackte, gesalzene Erdnusskerne

ZUM BESTREICHEN UND BESTREUEN:
etwas Speiseöl
3 EL Semmelbrösel

FÜR DEN BELAG:
250 g Cocktailtomaten
1 rote Pfefferschote

ZUM BESTREUEN:
etwas gehackte Petersilie
etwas gehackter Koriander

Hackfleischpizza
mit Erdnusskernen

Raffiniert

1. Brötchen in kaltem Wasser einweichen und gut ausdrücken.
2. Den Backofen vorheizen.
Ober-/Unterhitze etwa 180 °C
Heißluft etwa 160 °C
3. Paprikaschoten halbieren, entstielen, entkernen und die weißen Scheidewände entfernen. Schotenhälften waschen, abtropfen lassen und in kleine Würfel schneiden. Frühlingszwiebeln putzen, waschen, abtropfen lassen und in dünne Scheiben schneiden.
4. Gehacktes in eine große Schüssel geben. Die eingeweichten Brötchen, Paprikawürfel, Frühlingszwiebelscheiben, Eier, Petersilie, Koriander und Chilisauce hinzugeben und gut unter die Hackfleischmasse kneten. Mit Salz und Pfeffer abschmecken. Erdnusskerne unterheben.
5. Die Hackfleischmasse portionsweise in eine Fettpfanne (mit Speiseöl bestrichen und Semmelbröseln bestreut) geben und mit einer Teigkarte glatt streichen.
6. Für den Belag Tomaten und Pfefferschote waschen, trocken tupfen und entstielen. Tomaten halbieren, eventuell Stängelansätze herausschneiden. Pfefferschote in dünne Ringe schneiden. Tomatenhälften und Pfefferschotenringe auf der Hackfleischmasse verteilen. Tomatenhälften etwas in die Hackfleischmasse drücken. Die Fettpfanne in den vorgeheizten Backofen schieben. Die Hackfleischpizza **25–30 Minuten garen.**
7. Die Hackfleischpizza in Rechtecke schneiden. Mit Petersilie oder Koriander bestreut servieren.

Beilage: Reis oder ein gemischter Blattsalat mit Bauernbrot.

Tipp: Den Fleischsaft, der sich während der Garzeit gebildet hat, zu der Pizza reichen.

ZUBEREITUNGSZEIT: 40 Minuten, ohne Teiggehzeit

BACKZEIT: 40–50 Minuten

PRO PORTION: E: 14 g, F: 13 g, Kh: 36 g, kJ: 1351, kcal: 323, BE: 3,0

FÜR 12 PORTIONEN:
ZUTATEN:
FÜR DEN TEIG:
500 g Weizenmehl
1 Pck. (42 g) Frischhefe
1 EL Zucker
250 ml lauwarme Milch
1 gestr. TL Salz
60 g weiche Butter

FÜR DIE FÜLLUNG:
50 g getrocknete Tomaten
3 Frühlingszwiebeln (70 g)
200 g Fetakäse
150 g Schichtkäse
1 Ei (Größe M)
100 g geriebener Emmentalerkäse
gemahlener Pfeffer

1 Eiweiß
3 EL kaltes Wasser
2 EL Sonnenblumenkerne

Brot mit Käsefüllung

Beliebt – dauert länger

1. Für den Teig Mehl in eine Rührschüssel geben und in die Mitte eine Mulde drücken. Die Hefe zerbröckeln, in die Mulde geben und mit Zucker bestreuen. Milch über die Hefe gießen. Milch, Hefe und Zucker mit einem Teil des Mehls verrühren, zugedeckt an einem warmen Ort 10–15 Minuten gehen lassen.

2. Salz und Butter in kleinen Stücken auf den Mehlrand in die Schüssel geben. Die Zutaten mit einem Mixer (Knethaken) zunächst kurz auf niedrigster, dann auf höchster Stufe in etwa 5 Minuten zu einem Teig verarbeiten. Den Teig zugedeckt so lange an einem warmen Ort gehen lassen, bis er sich sichtbar vergrößert hat.

3. Für die Füllung Tomaten in eine Schüssel geben, mit kochendem Wasser übergießen und kurz ziehen lassen, dann auf ein Sieb geben und abtropfen lassen.

4. Frühlingszwiebeln putzen, waschen, abtropfen lassen und in feine Ringe schneiden. Fetakäse in kleine Stücke schneiden oder zerbröseln. Getrocknete Tomaten in kleine Würfel schneiden und mit Schichtkäse, Feta und Ei verrühren. Emmentaler und Zwiebelringe unterheben. Die Füllung mit Pfeffer würzen und kalt stellen.

5. Den Teig auf der bemehlten Arbeitsfläche kurz durchkneten und zu einem Quadrat (etwa 40 x 40 cm) ausrollen. Das Teigquadrat diagonal so auf ein Backblech (30 x 40 cm, mit Backpapier belegt) legen, dass eine Spitze nach unten zeigt und der Teig überhängt.

6. Die Füllung in der Mitte des Quadrates verteilen. Die Ecken des Quadrates zur Mitte hin über die Füllung legen, dabei die Teigkanten etwa 1 cm überlappen lassen. Die Füllung sollte ganz bedeckt sein, zugedeckt nochmals etwa 15 Minuten an einem warmen Ort gehen lassen.

7. Inzwischen den Backofen vorheizen.
Ober-/Unterhitze etwa 180 °C
Heißluft etwa 160 °C

8. Eiweiß mit Wasser verquirlen, die Teigoberfläche damit bestreichen und mit Sonnenblumenkernen bestreuen. Das Backblech in den vorgeheizten Backofen schieben. Das Brot **40–50 Minuten backen.**

ZUBEREITUNGSZEIT: 40 Minuten, ohne Teiggehzeit

BACKZEIT: etwa 30 Minuten

PRO STÜCK: E: 4 g, F: 8 g, Kh: 10 g, kJ: 543, kcal: 130, BE: 1,0

FÜR 24 STÜCK:
ZUTATEN:
FÜR DEN HEFETEIG:
250 g Weizenmehl
½ Pck. (21 g) frische Hefe
1 TL Zucker
3 EL lauwarmes Wasser
1 TL Salz
gemahlener Pfeffer
4 EL Speiseöl
5 EL lauwarmes Wasser

FÜR DIE KÄSESAUCE:
3 Eier (Größe M)
knapp 1 TL Salz
gemahlener Pfeffer
2 Knoblauchzehen
1 Bund glatte Petersilie
100 g geriebener Emmentalerkäse
150 g Crème fraîche
125 g Schlagsahne

FÜR DEN BELAG:
1 Stange Porree (Lauch)
1 rote Paprikaschote
285 g Gemüsemais (aus der Dose)

Gemüseecken
mit Käsesauce

Vegetarisch

1. Für den Teig Mehl in eine Schüssel geben, in die Mitte eine Mulde drücken. Hefe zerbröckeln, in die Mulde geben. Zucker und Wasser über die Hefe geben, mit etwas Mehl leicht verrühren und an einem warmen Ort etwa 10 Minuten gehen lassen.
2. Salz, Pfeffer, Öl und Wasser hinzufügen, mit einem Mixer (Knethaken) zunächst auf niedrigster, dann auf höchster Stufe in etwa 5 Minuten zu einem Teig verarbeiten. Den Teig zugedeckt so lange an einem warmen Ort gehen lassen, bis er sich sichtbar vergrößert hat.
3. Den Teig auf der bemehlten Arbeitsfläche nochmals gut durchkneten und auf einem Backblech (30 x 40 cm, gefettet) ausrollen. Vor den Teig einen mehrfach geknickten Streifen Alufolie legen.
4. Den Backofen vorheizen.
Ober-/Unterhitze etwa 200 °C
Heißluft etwa 180 °
5. Für die Käsesauce Eier verschlagen, mit Salz und Pfeffer würzen. Knoblauch abziehen und durch eine Knoblauchpresse drücken. Petersilie abspülen, trocken tupfen und die Blättchen von den Stängeln zupfen. Einige Blättchen zum Garnieren beiseitelegen. Restliche Blättchen fein schneiden. Knoblauch, Käse, Crème fraîche, Sahne und Petersilie unter die verschlagenen Eier rühren.
6. Für den Belag Porree putzen, waschen, abtropfen lassen und in dünne Ringe schneiden. Paprikaschote halbieren, entstielen, entkernen und die weißen Scheidewände entfernen. Die Schote waschen, abtropfen lassen und in Streifen schneiden. Mais auf einem Sieb abtropfen lassen. Porree, Paprika und Mais mischen und auf dem Teig verteilen. Die Käsesauce darüber gießen. Das Backblech in den vorgeheizten Backofen schieben. Gemüsekuchen **etwa 30 Minuten backen.**
7. Das Backblech auf einen Rost stellen. Den Gemüsekuchen zweimal längs und dreimal quer durchschneiden. Die 12 Stücke nochmals diagonal halbieren, sodass Dreiecke entstehen. Gemüseecken warm oder kalt mit den beiseitegelegten Petersilienblättchen garniert servieren.

Tipp: Je nach Geschmack und Jahreszeit können die Gemüseecken auch mit anderem Gemüse, z. B. Brokkoli, Zucchini, Champignons, Cocktailtomaten belegt werden.

ZUBEREITUNGSZEIT: 40 Minuten, ohne Auftauzeit

GARZEIT: etwa 35 Minuten

PRO STÜCK: E: 12 g, F: 19 g, Kh: 9 g, kJ: 1066, kcal: 255, BE: 1,0

FÜR 12 STÜCK:
ZUTATEN:
FÜR DIE AUFLÄUFE:
300 g TK-Erbsen
300 g geräucherter Putenbrustaufschnitt
1 Glas Sojabohnen-Keimlinge (Abtropfgewicht 160 g)
½ TL Sambal Oelek
1 TL dunkles Sesamöl
250 ml Milch
4 Eier (Größe M)
Salz
gemahlener Pfeffer

FÜR DIE SAUCE:
300 g Salatmayonnaise
100 g Curryketchup
2–3 EL Naturjoghurt

AUSSERDEM:
12 ofenfeste Auflaufförmchen oder Einmachgläser (je etwa 150 ml Inhalt)

Aufläufe im Glas

Einfach

1. Für die Aufläufe Erbsen auftauen lassen. Putenbrustaufschnitt in kleine Stücke schneiden. Sojabohnen-Keimlinge auf einem Sieb abtropfen lassen.
2. Den Backofen vorheizen.
Ober-/Unterhitze etwa 200 °C
Heißluft etwa 180 °C
3. Erbsen, Putenbrustaufschnitt und Sojabohnen-Keimlinge mit Sambal Oelek und Sesamöl in einer Schüssel mischen. Die Mischung in den 12 Förmchen (gefettet) verteilen.
4. Milch und Eier verschlagen, mit Salz und Pfeffer würzen und in die Förmchen gießen. Die Förmchen mit Glasdeckeln oder Alufolie zudecken.
5. Die Förmchen in eine Fettfangschale stellen, die Fettfangschale in den vorgeheizten Backofen schieben und etwa 2 cm hoch mit heißem Wasser füllen. Aufläufe **etwa 35 Minuten garen.**
6. In der Zwischenzeit für die Sauce Mayonnaise mit Ketchup und Joghurt verrühren. Die Aufläufe heiß oder kalt in den Förmchen servieren. Die Sauce dazureichen.

Tipp: Sie können die Aufläufe natürlich auch in Keramik-Auflaufförmchen zubereiten.

ZUBEREITUNGSZEIT: 10 Minuten, ohne Marinierzeit

PRO STÜCK: E: 4 g, F: 7 g, Kh: 2 g, kJ: 363, kcal: 87, BE: 0,0

FÜR 10–12 STÜCK:
ZUTATEN:
200 g Cocktailtomaten
1 Mini-Salatgurke
200 g abgetropfte Mini-Mozzarella-Kugeln
Salz
gemahlener Pfeffer
2 EL weißer Balsamico-Essig
4 EL Olivenöl
1–2 Stängel Basilikum

AUSSERDEM:
10–12 kleine Holzspieße

Tomaten-Mozzarella-Spieße

Titelrezept
Der Klassiker mal anders

1. Die Cocktailtomaten abspülen, abtrocknen und evtl. die Stängelansätze herausschneiden.
2. Die Gurke abspülen, abtrocknen und auf einem Küchenhobel längs in dünne Scheiben schneiden.
3. Mozzarella-Kugeln, Tomaten und Gurkenscheiben abwechselnd auf Holzspieße stecken. Die Spieße mit Salz und Pfeffer würzen, mit Essig und Olivenöl beträufeln und etwa 10 Minuten marinieren.
4. Basilikum abspülen, trocken tupfen und die Blättchen von den Stängeln zupfen.
5. Tomaten-Mozzarella-Spieße mit den Basilikumblättchen bestreuen.

Tipp: Ersetzen Sie die Cocktailtomaten durch 200 g abgespülte, abgetropfte Erdbeeren und bestreuen Sie die Spieße statt mit Basilikum mit Zitronenmelisseblättchen. Oder verwenden Sie statt der Gurkenscheiben entkernte Wassermelonenstücke und Himbeeressig.

ZUBEREITUNGSZEIT: 35 Minuten, ohne Abkühlzeit

PRO STÜCK: E: 4 g, F: 9 g, Kh: 13 g, kJ: 601, kcal: 143

FÜR 20 STÜCK:
ZUTATEN:
225 g Baguette
60 g Walnusskerne
7 EL Olivenöl
1 EL frische Thymianblättchen
75 g getrocknete Soft-Feigen
200 g frische Feigen (etwa 5 Stück)
4 EL flüssiger Honig
2 EL Balsamico-Essig
Salz
gemahlener Pfeffer
200 g Blauschimmelkäse
20 schöne Basilikumblättchen

Walnuss-Käse-Crostini

Raffiniert

1. Den Backofengrill vorheizen.
2. Das Baguette in 20 je etwa 1 cm dicke Scheiben schneiden. Die Baguettescheiben auf ein Backblech (mit Backpapier belegt) legen.
3. Walnusskerne, Olivenöl und abgespülte, trocken getupfte Thymianblättchen im Blitzhacker nicht zu fein hacken. Die Walnusspaste auf den Baguettescheiben verteilen.
4. Das Backblech unter den heißen Backofengrill (mittlere Schiene) schieben. Die Baguettescheiben in etwa 3 Minuten goldbraun rösten.
5. Die Crostini mit dem Backpapier von dem Backblech auf einen Kuchenrost ziehen und vollständig erkalten lassen.

6. Getrocknete Feigen in sehr kleine Würfel schneiden. Die frischen Feigen abspülen, abtrocknen und ebenfalls in kleine Würfel schneiden. Alle Feigenwürfel mit Honig und Balsamico-Essig mischen und mit etwas Salz und Pfeffer würzen.
7. Den Blauschimmelkäse in 20 kleine Spalten schneiden. Pfeffer-Feigen-Kompott auf den Walnuss-Crostini verteilen. Jeweils 1 Käsespalte auf das Pfeffer-Feigen-Kompott legen.
8. Die Basilikumblättchen abspülen und trocken tupfen. Die Walnuss-Käse-Crostini mit den Basilikumblättchen garnieren.

ZUBEREITUNGSZEIT: 25 Minuten, ohne Abkühlzeit

BACKZEIT: etwa 8 Minuten

PRO STÜCK: E: 9 g, F: 11 g, Kh: 2 g, kJ: 583, kcal: 139, BE: 0,0

FÜR 10–12 STÜCK:
ZUTATEN:
1 Schalotte
1 Knoblauchzehe
1 rote Chilischote
2–3 EL Speiseöl, z. B. Olivenöl
1 feine Bratwurst, ungebrüht
400 g Gehacktes (halb Rind-, halb Schweinefleisch)
1 Eigelb (Größe M)
2–3 EL Semmelbrösel
Salz
gemahlener Pfeffer
1 TL Paprikapulver rosenscharf
½ Bund Koriander

AUSSERDEM:
10–12 Zitronengrasstiele
evtl. 1 Chilischote

Hackfleischröllchen
**Titelrezept
Raffiniert**
auf Zitronengrasspießen

1. Schalotte und Knoblauch abziehen und in kleine Würfel schneiden. Die Chilischote abspülen, trocken tupfen, entstielen, entkernen und ebenfalls klein würfeln.

2. Einen Esslöffel Speiseöl in einer kleinen Pfanne erhitzen. Schalotten-, Knoblauch- und Chiliwürfel darin andünsten. Die Pfanne von der Kochstelle nehmen. Die Schalotten-Chili-Masse abkühlen lassen.

3. Das Bratwurstbrät aus der Pelle drücken. Gehacktes mit dem Bratwurstbrät in eine Schüssel geben. Eigelb, Schalotten-Chili-Masse und Semmelbrösel hinzugeben. Die Zutaten gut verkneten. Hackfleischmasse mit Salz, Pfeffer und Paprika würzen.

4. Koriander abspülen und trocken tupfen. Die Blättchen von den Stängeln zupfen, klein schneiden (etwas Koriander zum Bestreuen beiseitelegen) und unter den Fleischteig arbeiten.

5. Die Zitronengrasstiele abspülen, abtrocknen und die unteren Enden schräg anschneiden.

6. Aus dem Fleischteig mit angefeuchteten Händen 10–12 längliche Röllchen formen und auf die Zitronengrasstiele spießen.

7. Jeweils etwas von dem restlichen Speiseöl in einer großen Pfanne erhitzen. Die Hackfleischröllchen darin etwa 8 Minuten von allen Seiten braun braten.

8. Nach Belieben die Chilischote abspülen, trocken tupfen, entstielen und in Ringe schneiden. Die Hackfleischröllchen mit den Chiliringen und dem beiseitegelegten Koriander bestreuen.

ZUBEREITUNGSZEIT: 40 Minuten, ohne Abkühlzeit

BACKZEIT: etwa 20 Minuten

PRO STÜCK: E: 24 g, F: 24 g, Kh: 1 g, kJ: 1323, kcal: 316, BE: 0,0

FÜR 10 STÜCK:
ZUTATEN:
FÜR DIE HACKFLEISCHTALER:
1 kg Gehacktes (halb Rind-, halb Schweinefleisch)
1 Ei (Größe M)
1 Eigelb (Größe M)
Salz
gemahlener Pfeffer

FÜR DIE GEMÜSE-KÄSE-FÜLLUNG:
je 1 kleine, rote und grüne Paprikaschote

1 EL Butter
1 EL Weißweinessig
2 EL Wasser
150 g mittelalter Goudakäse

etwas Rucola (Rauke)

ZUM BESTREUEN:
50 g Sprossenmix
je 1 Beet grüne und rote Shisokresse

Gefüllte Hackfleischtaler

Zum Vorbereiten

1. Den Backofen vorheizen.
Ober-/Unterhitze etwa 200 °C
Heißluft etwa 180 °C
2. Für die Hackfleischtaler Gehacktes in eine Schüssel geben. Ei und Eigelb hinzufügen. Die Zutaten gut vermengen und mit Salz und Pfeffer würzen.
3. Aus der Gehacktesmasse 20 runde Taler (Ø je etwa 5 cm) formen. Die Hackfleischtaler auf ein Backblech (mit Backpapier belegt) legen. Das Backblech in den vorgeheizten Backofen schieben. Die Hackfleischtaler **etwa 20 Minuten backen.**
4. Das Backblech auf einen Kuchenrost stellen. Die Hackfleischtaler abkühlen lassen.
5. Für die Füllung Paprikaschoten halbieren, entstielen, entkernen und die weißen Scheidewände entfernen. Schoten abspülen, abtropfen lassen und sehr fein würfeln. Die Butter in einer Pfanne zerlassen. Die Paprikawürfel darin andünsten. Essig und Wasser hinzugeben und die Paprikawürfel noch etwa 1 Minute dünsten, dann abkühlen lassen.

6. Von dem Gouda 100 g in sehr kleine Würfel schneiden und mit den Paprikawürfeln mischen. Restlichen Gouda fein reiben und zum Bestreuen beiseitestellen.
7. Rucola verlesen und dicke Stängel abschneiden. Rucola abspülen, gut abtropfen lassen oder trocken schleudern und evtl. etwas kleiner zupfen.
8. Die Hälfte der Hackfleischtaler mit je 1 Rucolablättchen belegen. Jeweils etwas von der Gemüse-Käse-Mischung daraufgeben und mit je 1 unbelegten Hackfleischtaler bedecken.
9. Zum Bestreuen die Sprossen auf ein Sieb geben, kalt abspülen und gut abtropfen lassen. Kresse abspülen, mit einer Küchenschere abschneiden und gut abtropfen lassen. Die Hackfleischtaler mit geriebenem Gouda, Kresse und Sprossen bestreuen und anrichten.

Tipp: Wenn es ganz schnell gehen muss, bereiten Sie die Hackfleischtaler aus frischen Bratwürsten zu. Dazu die Masse aus der Wursthaut drücken, zu kleinen Bällchen formen und wie beschrieben backen oder in der Pfanne etwa 10 Minuten braten.

ZUBEREITUNGSZEIT: 35 Minuten, ohne Abkühl- und Durchziehzeit

PRO PORTION: E: 8 g, F: 13 g, Kh: 48 g, kJ: 1448, kcal: 345, BE: 3,5

FÜR 10–12 PORTIONEN:
ZUTATEN:
250 g getrocknete Tortellini mit Fleischfüllung
Salzwasser
3–4 Paprikaschoten (rot und gelb, evtl. orange)
500 g Ananasstücke (aus der Dose)
340 g Gemüsemais (aus der Dose)

1 Glas (250 g) Salatcreme
2 EL Tomatenketchup
3–4 EL Ananassaft (aus der Dose)
Salz
gemahlener Pfeffer

Bunter Tortellini-Salat

Schnell – einfach

1. Tortellini in kochendem Salzwasser nach Packungsanleitung garen. Tortellini auf ein Sieb geben, mit kaltem Wasser übergießen, abtropfen und erkalten lassen.

2. Paprikaschoten halbieren, entstielen, entkernen und die weißen Scheidewände entfernen. Schotenhälften waschen, abtropfen lassen und in Streifen schneiden. Ananasstücke auf einem Sieb abtropfen lassen, dabei den Saft auffangen.

3. Tortellini in eine große Schüssel geben. Paprikastreifen, Ananasstücke und den Mais mit dem Saft hinzugeben. Die Zutaten gut vermengen.

4. Salatcreme mit Ketchup und etwas Ananassaft verrühren und unter die Salatzutaten heben. Den Tortellini-Salat 2–3 Stunden durchziehen lassen. Eventuell nochmals etwas Ananassaft unterrühren. Den Tortellini-Salat mit Salz und Pfeffer abschmecken.

Tipp: Sie können den Tortellini-Salat auch in einer vegetarischen Variante zubereiten. Dafür statt Tortellini mit Fleischfüllung Tortellini mit einer Käsefüllung verwenden. Für den Salat getrocknete Tortellini verwenden. Frische Tortellini sind eventuell zu groß. Den Salat auf einer mit gewaschenen und trocken getupften Chicorée- oder Rucolablättern belegten, großen Servierplatte anrichten. Oder den Salat in Dessertgläsern anrichten und mit Chicoréeblättern und Schnittlauchhalmen garnieren.

ZUBEREITUNGSZEIT: 50 Minuten, ohne Durchziehzeit

PRO PORTION: E: 12 g, F: 12 g, Kh: 7 g, kJ: 772, kcal: 184, BE: 0,5

FÜR 16 PORTIONEN:
ZUTATEN:
3 Mini-Romana-Salate
(je etwa 150 g)
2 Zucchini (etwa 400 g)
½ Bund Basilikum
500 g Tomaten
2 Bund Frühlingszwiebeln
250 g Lachsschinken, in dünnen Scheiben
5 hart gekochte Eier
300 g Möhren
70 g Rucola (Rauke)
400 g Schafskäse

FÜR DIE SALATSAUCE:
400 g Zaziki
250 g Joghurt (10 % Fett)
Salz
gemahlener Pfeffer
¼ TL Paprikapulver rosenscharf

ZUM GARNIEREN:
8 Cocktailtomaten
16 Scheiben Salatgurke
½ Bund Schnittlauch

Salattorte mit Schafskäse

Zum Vorbereiten

1. Romana-Salate putzen, halbieren, abspülen, trocken schleudern oder tupfen und in grobe Streifen schneiden. Zucchini waschen, abtrocknen und die Enden abschneiden. Zucchini in dünne Scheiben schneiden. Basilikum abspülen und trocken tupfen. Die Blättchen von den Stängeln zupfen. Tomaten waschen, trocken tupfen, halbieren, Stängelansätze herausschneiden. Tomatenhälften in dünne Scheiben schneiden. Frühlingszwiebeln putzen, waschen, abtropfen lassen, in feine Scheiben schneiden.
2. Lachsschinken in Streifen schneiden. Eier pellen und in dünne Scheiben schneiden. Möhren putzen, schälen, abspülen, abtropfen lassen, fein raspeln. Rucola verlesen, die Stängel abschneiden. Rucolablätter abspülen, trocken schleudern oder tupfen und in kleine Stücke schneiden. Schafskäse grob raspeln oder zerbröseln.
3. Nacheinander Romana-Salat, Zucchinischeiben, Basilikum, Tomaten-, Frühlingszwiebelscheiben, Schinkenstreifen, Eierscheiben, Rucola und Schafskäse in eine Springform (Ø 28 cm, mit Backpapier belegt) schichten, dabei jede Lage etwas andrücken. Die Salattorte mit Frischhaltefolie zugedeckt im Kühlschrank 12–24 Stunden durchziehen lassen.

4. Für die Salatsauce Zaziki mit Joghurt verrühren und mit Salz, Pfeffer und Paprika würzen.
5. Den Springformrand vorsichtig lösen. Die Torte mit dem Backpapier auf eine Platte oder ein Brett ziehen. Das Backpapier mit einer Schere rundherum abschneiden.
6. Zum Garnieren Tomaten waschen, abtrocknen, halbieren und Stängelansätze herausschneiden. Die Gurkenscheiben gleichmäßig auf dem Tortenoberflächenrand verteilen. Jeweils eine Tomatenhälfte auf die Gurkenscheiben legen. Schnittlauch abspülen und trocken tupfen. Die Tortenoberfläche mit den Schnittlauchhalmen garnieren.
7. Die Salattorte mit einem elektrischen Messer oder Sägemesser in Tortenstücke schneiden. Die Salatsauce zu der Salattorte reichen.

ZUBEREITUNGSZEIT: 40 Minuten, ohne Abkühl- und Durchziehzeit

PRO PORTION: E: 9 g, F: 17 g, Kh: 27 g, kJ: 1229, kcal: 294, BE: 2,0

FÜR 12 PORTIONEN:
ZUTATEN:
250 g Patna-Langkornreis
Salzwasser
300 g Knabber-Cabanossi
1 gelbe Paprikaschote
3 Stangen Staudensellerie
285 g Gemüsemais (aus der Dose)
140 g Gemüsemais (aus der Dose)
250 g Kidneybohnen (aus der Dose)

FÜR DIE MARINADE:
3 EL Weißweinessig
3 EL Tomatenketchup
½ TL milder Senf
2 kleine Knoblauchzehen
6 EL Olivenöl
Salz
gemahlener Pfeffer
1 TL Zucker

Mais-Bohnen-Salat
mit Cabanossi

Raffiniert

1. Reis in kochendem Salzwasser nach Packungsanleitung garen. Reis auf einem Sieb abtropfen und erkalten lassen.
2. Cabanossi in dünne Scheiben schneiden. Paprikaschote halbieren, entstielen, entkernen und die weißen Scheidewände entfernen. Schotenhälften in kleine Würfel schneiden. Staudensellerie putzen und die harten Außenfäden abziehen. Selleriestangen waschen, abtropfen lassen und in dünne Scheiben schneiden. Selleriegrün beiseitelegen.
3. Mais auf einem Sieb abtropfen lassen. Kidneybohnen auf ein Sieb geben, mit kaltem Wasser abspülen und abtropfen lassen.
4. Den Reis mit den Cabanossischeiben, Paprikawürfeln, Selleriescheiben, Mais und Kidneybohnen in eine große Schüssel geben und gut vermischen.

5. Für die Marinade Essig mit Ketchup und Senf verrühren. Knoblauch abziehen, durch eine Knoblauchpresse drücken und hinzufügen. Olivenöl unterschlagen. Mit Salz, Pfeffer und Zucker würzen.
6. Die Marinade mit den Salatzutaten in der Schüssel gut vermischen. Den Salat mit Frischhaltefolie zugedeckt etwa 2 Stunden durchziehen lassen. Den Salat nochmals mit Salz und Pfeffer abschmecken.
7. Beiseitegelegtes Selleriegrün grob zerkleinern. Den Salat vor dem Servieren mit dem Selleriegrün garnieren.

ZUBEREITUNGSZEIT: 30 Minuten

PRO PORTION: E: 16 g, F: 26 g,
Kh: 6 g, kJ: 1346, kcal: 321, BE: 0,0

FÜR 12 PORTIONEN:
ZUTATEN:
24 hauchdünne Scheiben Bacon
(Frühstücksspeck)

FÜR DAS DRESSING:
100 ml kräftige Fleischbrühe,
z. B. Instant
Saft von ½ Zitrone
5 EL Weißweinessig
gemahlener Pfeffer
1 Prise Zucker
Salz
60 ml kalt gepresstes Olivenöl

6 hart gekochte Eier
300 g mittelalter Goudakäse,
in Scheiben
2 mittelgroße Köpfe Eisbergsalat
6 mittelgroße Fleischtomaten
2 rote Zwiebeln
je 1 große rote und gelbe
Paprikaschote
150 g rosé Champignons

Bunter Bauernsalat

Für Gäste – gut vorzubereiten

1. Bacon in einer großen Pfanne ohne Fett knusprig auslassen. Baconscheiben auf Küchenpapier abtropfen lassen.
2. Für das Dressing Fleischbrühe, Zitronensaft und Essig zum verbliebenen Bratfett in die Pfanne geben und gut verrühren. Mit Pfeffer, Zucker und evtl. noch etwas Salz abschmecken. Den Fond mit Olivenöl in einen hohen Rührbecher geben und mit einem Schneebesen verschlagen. Oder den Fond mit Olivenöl in einen Dressing-Shaker geben und kräftig durchschütteln. Dressing nochmals mit den Gewürzen abschmecken und kalt stellen.
3. Eier pellen und in Spalten schneiden. Käsescheiben übereinanderlegen und in Streifen schneiden. Salatköpfe putzen, vierteln, jeweils den Strunk herausschneiden. Salat in Streifen schneiden, waschen, gut abtropfen lassen und in eine große Schüssel geben.

4. Tomaten waschen, trocken tupfen, halbieren und Stängelansätze herausschneiden. Tomatenhälften grob würfeln. Zwiebeln abziehen, zuerst in feine Scheiben schneiden, dann in Ringe teilen. Paprikaschoten halbieren, entstielen, entkernen und weiße Scheidewände entfernen. Schotenhälften waschen, abtropfen lassen, in grobe Würfel schneiden. Champignons putzen, mit Küchenpapier abreiben, eventuell abspülen, gut trocken tupfen und in Scheiben schneiden.
5. Käsestreifen, Tomatenwürfel, Zwiebelringe, Paprika-würfel und Champignonscheiben zu den Salatstreifen in die Schüssel geben. Das kalt gestellte Dressing vorsichtig unterheben.
6. Baconscheiben in Stücke brechen. Baconstücke mit den Eierspalten auf dem Salat anrichten.

Tipp: Das kalt gestellte Dressing in einem Shaker extra zu dem Bauernsalat reichen. So kann sich jeder Gast seinen Salat mit dem Dressing selbst beträufeln und die Zutaten bleiben lange frisch und knackig.

ZUBEREITUNGSZEIT: 60 Minuten, ohne Abkühl- und Durchziehzeit

PRO PORTION: E: 23 g, F: 8 g, Kh: 14 g, kJ: 934, kcal: 223, BE: 1,0

FÜR 10–12 PORTIONEN:
ZUTATEN:
800 g Hähnchenbrustfilet
400–500 ml Wasser
1 gestr. TL Salz
½ Gemüse-Brühwürfel
2 EL Reiswein

FÜR DIE MARINADE:
5 EL Reisweinessig
3 EL Limettensaft
6 EL Sojasauce
2 TL rote Currypaste

(erhältlich im Asialaden)
6 EL Sesamöl
Salz
gemahlener Pfeffer
2 EL Zucker

100 g Glasnudeln
1 kleiner Chinakohl (etwa 300 g)
1 Salatgurke
2 rote Pfefferschoten
175 g Mungobohnen-Sprossen
(aus dem Glas)
150 g geraspelte Möhren
250 g Bio-Tofu

Asiatischer Schichtsalat

Mit Alkohol

1. Hähnchenbrustfilets kurz unter fließendem kalten Wasser abspülen und trocken tupfen. Wasser mit Salz, Brühwürfel und Reiswein in einem breiten, flachen Topf verrühren. Die Hähnchenbrustfilets nebeneinander in den Topf legen, sodass sie mit der Flüssigkeit bedeckt sind, zum Kochen bringen. Die Hähnchenbrustfilets zugedeckt bei schwacher Hitze etwa 5 Minuten kochen lassen.
2. Den Topf von der Kochstelle nehmen. Die Hähnchenbrustfilets noch etwa 10 Minuten in der Reisweinbrühe ziehen lassen.
3. Für die Marinade Essig mit Limettensaft, Sojasauce und Currypaste verrühren. Sesamöl unterschlagen. Mit Salz, Pfeffer und Zucker würzen.
4. Die Hähnchenbrustfilets aus der Reisweinbrühe nehmen, in dünne Scheiben schneiden und in eine flache Schale legen. Die Fleischscheiben mit 3 Esslöffeln der Marinade beträufeln und erkalten lassen.
5. Die Glasnudeln nach Packungsanleitung zubereiten, auf einem Sieb gut abtropfen und erkalten lassen.
6. Chinakohl putzen. Den Kohl vierteln und den Strunk herausschneiden. Kohlviertel in schmale Streifen schneiden, waschen und gut abtropfen lassen. Salatgurke waschen, abtrocknen, halbieren, entkernen und in dünne Scheiben schneiden. Pfefferschoten abspülen, abtrocknen, halbieren und in kleine Würfel schneiden. Gurkenscheiben mit den Pfefferschotenwürfeln vermischen. Mungobohnen-Sprossen auf einem Sieb abtropfen lassen.
7. Zwei Drittel der Chinakohlstreifen in eine große, hohe Glasschüssel (4–5-Liter-Inhalt) geben. Möhrenraspel darauf verteilen. Mit gut 2 Esslöffeln der Marinade beträufeln. Die Hälfte der marinierten Fleischscheiben darauflegen. Die Gurken-Pfefferschoten-Mischung darauf verteilen. Wieder mit etwa 3 Esslöffeln der Marinade beträufeln.
8. Die restlichen marinierten Fleischscheiben darauflegen, zuerst die Mungobohnen, dann die Glasnudeln daraufgeben. Restliche Chinakohlstreifen darauf verteilen und mit der Hälfte der restlichen Marinade beträufeln.
9. Tofu zerbröseln, mit der restlichen Marinade verrühren und als Abschluss auf die Chinakohlstreifen geben. Den Schichtsalat mit Frischhaltefolie zugedeckt in den Kühlschrank stellen und mindestens 5–6 Stunden durchziehen lassen.

Tipp: Statt Tofu kann auch Feta-Käse verwendet werden. Den Salat nach Belieben in hohen Gläsern (Wassergläsern) anrichten.

ZUBEREITUNGSZEIT: 40 Minuten, ohne Abkühl- und Durchziehzeit

PRO PORTION: E: 5 g, F: 14 g, Kh: 32 g, kJ: 1172, kcal: 280, BE: 2,5

FÜR 12 PORTIONEN:
ZUTATEN:
2 kg festkochende Kartoffeln
je 1 rote und gelbe Paprikaschote
2 mittelgroße Zwiebeln
2 mittelgroße Äpfel mit roter Schale
2 hart gekochte Eier
1 Glas (500 g) Joghurt-Salatcreme
Salz
gemahlener Pfeffer

Fruchtiger Kartoffelsalat

Schnell

1. Kartoffeln gründlich unter fließendem kalten Wasser waschen, eventuell abbürsten und in einem Topf mit Wasser bedeckt zum Kochen bringen. Kartoffeln zugedeckt 20–25 Minuten bei mittlerer Hitze garen. Kartoffeln abgießen, abtropfen und kurz abkühlen lassen. Kartoffeln pellen, erkalten lassen und in Scheiben schneiden.
2. Paprikaschoten halbieren, entstielen, entkernen und die weißen Scheidewände entfernen. Schotenhälften waschen, abtropfen lassen und in dünne Streifen schneiden. Zwiebeln abziehen und sehr klein würfeln. Äpfel waschen, abtrocknen, vierteln, entkernen und mit der Schale in schmale Spalten schneiden. Eier pellen und in kleine Stücke schneiden.
3. Die vorbereiteten Salatzutaten in einer großen Schüssel mischen. Joghurt-Salatcreme unterheben. Den Kartoffelsalat mit Salz und Pfeffer abschmecken.
4. Den Kartoffelsalat mit Frischhaltefolie zudecken und kalt gestellt einige Stunden oder über Nacht durchziehen lassen.

ZUBEREITUNGSZEIT: 40 Minuten, ohne Durchziehzeit

PRO PORTION: E: 32 g, F: 33 g, Kh: 6 g, kJ: 1876, kcal: 449, BE: 0,0

FÜR 12 PORTIONEN:
ZUTATEN:
700 g Thunfisch naturell (aus Dosen)
10 hart gekochte Eier
500–600 g Goudakäse
3 rote Paprikaschoten
4 Zwiebeln
7 Gewürzgurken
Salz
gemahlener Pfeffer
gut ½ TL Zucker
5 EL Salatmayonnaise
200 g Joghurt
5 Stängel Basilikum

Käse-Thunfisch-Salat

Für Gäste

1. Thunfisch auf einem Sieb abtropfen lassen und mit einer Gabel etwas auseinanderzupfen. Eier pellen und in Scheiben schneiden. Käse in Würfel schneiden.
2. Paprikaschoten halbieren, entstielen, entkernen und die weißen Scheidewände entfernen. Schotenhälften waschen, abtropfen lassen und in Würfel schneiden. Zwiebeln abziehen und klein würfeln. Gewürzgurken ebenfalls in kleine Würfel schneiden.
3. Die vorbereiteten Salatzutaten in einer großen Schüssel gut vermischen. Mit Salz, Pfeffer und Zucker abschmecken.
4. Mayonnaise mit Joghurt verrühren und unter die Salatzutaten heben. Den Salat mit Frischhaltefolie zudecken, kalt stellen und gut durchziehen lassen.
5. Basilikum abspülen und trocken tupfen. Die Blättchen von den Stängeln zupfen, klein schneiden und unter den Salat heben. Den Salat vor dem Servieren nochmals mit den Gewürzen abschmecken.

Tipp: Zwiebelbrot schmeckt besonders gut zu dem Käse-Thunfisch-Salat.
Richten Sie den Salat portionsweise auf Friséesalatblättern an.
Statt der Gewürzgurken können auch in Scheiben geschnittene Tomaten verwendet werden.
Die Salatzutaten in ein hohes Glas schichten. Die Mayonnaise-Joghurt-Mischung als Abschluss daraufgeben und mit Schnittlauchröllchen bestreuen.

ZUBEREITUNGSZEIT: 45 Minuten, ohne Durchziehzeit

PRO PORTION: E: 8 g, F: 16 g, Kh: 12 g, kJ: 951, kcal: 228, BE: 0,5

FÜR 12 PORTIONEN:
ZUTATEN:
3 kleine Gemüsezwiebeln
(etwa 1 kg)
50 ml Weißweinessig
1 gestr. TL Salz
2 EL Zucker
360 g Gewürzgurken
(aus dem Glas)
500 g Fleischwurst
4 Äpfel (etwa 500 g)

FÜR DIE MARINADE:
¾ Glas (375 g) Salatcreme
(10 % Fett)
300 g Joghurt

Zwiebelsalat

Preiswert – einfach

1. Gemüsezwiebeln abziehen, halbieren und in schmale Streifen schneiden. Zwiebelstreifen in eine große Schüssel geben. Essig mit Salz und Zucker gut verrühren und die Zwiebelscheiben damit übergießen.
2. Die Zwiebelscheiben mit einem Teller beschweren und die Schüssel mit Frischhaltefolie zudecken. Zwiebelscheiben etwa 2 Stunden durchziehen lassen (Zwiebelscheiben müssen nicht kalt gestellt werden).
3. Die Zwiebelscheiben auf einem Sieb abtropfen lassen. Gurken ebenfalls abtropfen lassen und in Streifen schneiden.
4. Von der Fleischwurst die Pelle abziehen. Fleischwurst zuerst in Scheiben, dann in schmale Streifen schneiden. Äpfel schälen, vierteln, entkernen und in Stifte schneiden.

5. Die Zwiebelscheiben wieder in die Schüssel geben. Gurken-, Fleischwurststreifen und Apfelstifte hinzugeben und gut untermengen.
6. Für die Marinade Salatcreme mit Joghurt verrühren und unter den Zwiebelsalat rühren. Den Zwiebelsalat mit Frischhaltefolie zugedeckt im Kühlschrank mindestens 1 Stunde durchziehen lassen.

Tipp: Den Zwiebelsalat vor dem Servieren mit Schnittlauchröllchen bestreuen. Der Salat kann gut am Vortag zubereitet werden und kalt gestellt über Nacht durchziehen.

ZUBEREITUNGSZEIT: 30 Minuten

PRO PORTION: E: 4 g, F: 11 g, Kh: 26 g, kJ: 981, kcal: 235, BE: 2,0

FÜR 12 PORTIONEN:
ZUTATEN:
1,2 kg Sauerkraut
300 g getrocknete Feigen
500 g Ananas-Fruchtfleisch
400 g Schlagsahne
3–4 EL flüssiger Honig
gemahlener Zimt
gemahlene Nelken
1 TL Dr. Oetker Finesse Geriebene Zitronenschale

Sauerkraut-Feigen-Salat

Fruchtig – schnell

1. Sauerkraut mit einer Gabel auseinanderzupfen und in eine große Schüssel geben. Von den Feigen die Stiele entfernen. Feigen in dünne Scheiben schneiden. Ananas-Fruchtfleisch in kleine Stücke schneiden.

2. Sahne halb steif schlagen. Mit Honig, Zimt, Nelken und Zitronenschale abschmecken. Die Sahnesauce mit den Salatzutaten vermengen. Den Salat nochmals mit den Gewürzen abschmecken.

Tipp: Statt der frischen Ananas können Sie auch 500 g abgetropfte Ananasstücke (aus der Dose) verwenden. Die Hälfte des Ananas-Fruchtfleisches durch Orangen-Fruchtfleisch ersetzen. Dafür 3–4 Orangen so schälen, dass die weiße Haut vollständig entfernt wird. Orangen filetieren. Die Salatzutaten in Portionsschälchen füllen und die Sahnesauce darauf verteilen. Mit gemahlenem Zimt bestäuben.

ZUBEREITUNGSZEIT: 45 Minuten, ohne Abkühlzeit

PRO PORTION: E: 29 g, F: 46 g, Kh: 57 g, kJ: 3187, kcal: 761, BE: 4,5

FÜR 12 PORTIONEN:
ZUTATEN:
6 l Wasser
6 gestr. TL Salz
600 g Penne-Nudeln

FÜR DAS DRESSING:
375 g Aioli
(Knoblauch-Mayonnaise)
450 g Joghurt (3,5 % Fett)
3 EL Tomatenketchup
Salz
gemahlener Pfeffer

FÜR DIE MINI-CHILI-
FRIKADELLEN:
2 Brötchen (Semmeln) vom Vortag
3 Zwiebeln

1 kg Gehacktes
(halb Rind-, halb Schweinefleisch)
3 Eier (Größe M)
Salz
gemahlener Pfeffer
3–6 EL Speiseöl, z. B. Rapsöl
9–12 EL Thai-Chili-Sauce

3 gegarte Maiskolben
(z. B. aus einem Vakuumpack)
oder 420 g Gemüsemais
(aus Dosen)
3 große, rote Paprikaschoten
500 g Römer- oder Eisbergsalat

450–500 ml heiße Gemüsebrühe

Pasta-Frikadellen-
Salat

Für Gäste

1. Wasser in einem großen Topf mit geschlossenem Deckel zum Kochen bringen. Dann Salz und Nudeln hinzugeben. Die Nudeln eventuell in 2 Portionen im geöffneten Topf bei mittlerer Hitze nach Packungsanleitung kochen lassen, dabei zwischendurch 4–5-mal umrühren. Anschließend die Nudeln auf ein Sieb geben, mit kaltem Wasser abspülen und abtropfen lassen.
2. Für das Dressing Aioli mit Joghurt und Ketchup in einer großen Schüssel verrühren, mit Salz und Pfeffer abschmecken. Die lauwarmen Nudeln zu dem Dressing in die Schüssel geben und gut untermischen. Nudeln erkalten lassen.
3. Für die Frikadellen Brötchen in kaltem Wasser einweichen. Zwiebeln abziehen, klein würfeln. Gehacktes in eine Schüssel geben. Ausgedrückte Brötchen, Zwiebelwürfel und Eier hinzufügen. Die Zutaten gut verkneten und mit Salz und Pfeffer würzen. Aus der Hackfleischmasse mit angefeuchteten Händen kleine Frikadellen formen.

4. Jeweils etwas Speiseöl in einer großen Pfanne erhitzen. Die Frikadellen darin portionsweise von allen Seiten knusprig braun braten. Frikadellen aus der Pfanne nehmen, mit der Chili-Sauce vermischen und erkalten lassen.
5. Maiskolben in Scheiben schneiden oder Gemüsemais auf einem Sieb abtropfen lassen. Paprikaschoten halbieren, entstielen, entkernen und die weißen Scheidewände entfernen. Schotenhälften waschen, trocken tupfen und in kleine Würfel schneiden. Salat putzen, waschen, gut abtropfen lassen oder trocken schleudern. Salatblätter in mundgerechte Stücke zupfen.
6. Heiße Gemüsebrühe unter die Nudeln rühren. Die Nudeln nochmals mit Salz und Pfeffer abschmecken. Restliche vorbereitete Salatzutaten untermischen. Den Salat mit den Mini-Chili-Frikadellen anrichten.

Tipp: Aioli selbst gemacht: 375 g Delikatessmayonnaise mit 3–6 Teelöffeln Zitronensaft und 6–9 zerdrückten Knoblauchzehen vermischen und mit Salz und Pfeffer abschmecken.

ZUBEREITUNGSZEIT: 40 Minuten, ohne Einweich- und Durchziehzeit

PRO PORTION: E: 4 g, F: 8 g, Kh: 25 g, kJ: 801, kcal: 191, BE: 1,5

FÜR 10–12 PORTIONEN:
ZUTATEN:
FÜR DEN SALAT:
300 g Bulgur (Hartweizengrieß)
1 l kochendes Wasser
5–6 milde, grüne Spitzpaprika (erhältlich in türkischen Lebensmittelläden)
1 Bund Frühlingszwiebeln
750 g kleine Rispen-Tomaten
2 kleine Salatgurken

FÜR DIE MARINADE:
1 Bund Petersilie
1 Bund Minze
4–5 EL Zitronensaft
etwa 1 gestr. TL Salz
gemahlener, schwarzer Pfeffer
1 gestr. TL Paprikapulver edelsüß
8 EL Olivenöl

1 Kopf Salat, z. B. Römer- oder Herzblattsalat
einige Minze- und Petersilienblättchen

Bulgursalat

Raffiniert

1. Für den Salat Bulgur in eine Schüssel geben, mit kochendem Wasser übergießen, erkalten und 2–3 Stunden stehen lassen. Bulgur eventuell auf einem Sieb abtropfen lassen.

2. Spitzpaprika halbieren, entstielen und die weißen Scheidewände entfernen. Schotenhälften waschen, trocken tupfen und in schmale Streifen schneiden. Frühlingszwiebeln putzen, waschen, abtropfen lassen und in 1 cm dicke Scheiben schneiden.

3. Tomaten von den Rispen zupfen, waschen, trocken tupfen und vierteln. Eventuell die Stängelansätze herausschneiden. Salatgurken waschen, abtrocknen, halbieren und in kleine Würfel schneiden.

4. Für die Marinade Petersilie und Minze abspülen, trocken tupfen. Die Blättchen von den Stängeln zupfen und klein schneiden. Zitronensaft mit Salz, Pfeffer und Paprika verrühren. Olivenöl unterschlagen und Petersilie und Minze unterrühren.

5. Bulgur mit den vorbereiteten Salatzutaten in eine große Schüssel geben. Die Marinade darauf verteilen und vorsichtig, aber gut untermischen. Den Salat mindestens 1 Stunde durchziehen lassen.

6. Salatkopf putzen, waschen und trocken tupfen. Die dicken Rippen aus den Salatblättern entfernen. Die Salatblätter auf eine große Servierplatte legen. Den Bulgursalat darauf anrichten und mit abgespülten und trocken getupften Minze- und Petersilienblättchen garnieren.

Tipp: Statt Bulgur Couscous verwenden. Der Salat kann auch schon einen Tag vor dem Verzehr zubereitet werden. Den Salat mit Frischhaltefolie zugedeckt im Kühlschrank aufbewahren.

ZUBEREITUNGSZEIT: 30 Minuten, ohne Durchziehzeit

PRO PORTION: E: 2 g, F: 7 g, Kh: 14 g, kJ: 550, kcal: 131, BE: 1,0

FÜR 12 PORTIONEN:
ZUTATEN:
1 ½ kg Weißkohl
Salz
2 rote Paprikaschoten
350 g Ananasstücke (aus der Dose)
2 große Zwiebeln
8 EL Olivenöl
8 EL Kräuteressig
2 EL mittelscharfer Senf
gemahlener Pfeffer
je ½–1 TL gemahlener Piment und Kümmelsamen

Ananas-Kraut-Salat
mit Paprikastreifen

Preiswert – gut vorzubereiten

1. Von dem Weißkohl die groben, äußeren Blätter lösen. Kohl vierteln und den Strunk herausschneiden. Kohlviertel auf einer stabilen Küchenreibe oder mit der Küchenmaschine in sehr feine Streifen hobeln oder schneiden und in eine große Schüssel geben. 2–3 Esslöffel Salz hinzugeben und mit den Händen gut durchkneten, bis die Kohlstreifen leicht glasig werden. Kohlstreifen etwa 1 Stunde durchziehen lassen.

2. Paprikaschoten halbieren, entstielen, entkernen und weiße Scheidewände entfernen. Schotenhälften waschen, trocken tupfen, in schmale Streifen schneiden. Ananasstücke abtropfen lassen, dabei den Saft auffangen. Ananasstücke eventuell etwas kleiner schneiden.

3. Die Kohlstreifen auf ein Sieb geben, etwas abtropfen lassen und wieder in die Schüssel geben. Paprikastreifen und Ananasstücke hinzugeben und untermischen.

4. Zwiebeln abziehen, zuerst in dünne Scheiben schneiden, dann in Ringe teilen. Olivenöl in einer Pfanne erhitzen. Zwiebelringe darin kurz andünsten, herausnehmen und zum Ananas-Kraut-Salat in die Schüssel geben. Das Bratfett (Olivenöl) mit Essig, Senf, Pfeffer, Piment und Kümmel verschlagen. Die Hälfte des Ananassaftes unterrühren. Die Marinade zum Ananas-Kraut-Salat geben, gut untermischen und etwa 30 Minuten durchziehen lassen.

5. Den Ananas-Kraut-Salat vor dem Servieren nochmals mit Salz und Pfeffer abschmecken.

Beilage: Ofenfrisches Baguette.

Tipp: Dieser Salat lässt sich prima vorbereiten und ist ideal, wenn Sie eine große Anzahl von Gästen erwarten. Wer es noch etwas pikanter und auch ein bisschen scharf mag, mariniert den Salat statt mit dem Ananassaft aus der Dose mit einem kleinen Glas Chili-Sauce (200 ml) aus dem Asia-Laden. Den Ananas-Kraut-Salat in Gläsern anrichten.

ZUBEREITUNGSZEIT: 60 Minuten, ohne Abkühlzeit

PRO PORTION: E: 23 g, F: 20 g, Kh: 21 g, kJ: 1522, kcal: 363, BE: 1,5

FÜR 15 PORTIONEN:
ZUTATEN:
800 g Kartoffeln
Salzwasser
7 doppelte Bismarck-Heringsfilets (Abtropfgewicht je 250 g)
600 g gegarte Rote Bete (vakuumverpackt)
5 Äpfel, z. B. Holsteiner Cox, Cox Orange

720 g Gewürzgurken (aus Gläsern)
5 rote Zwiebeln
1 Bund Dill

FÜR DIE MARINADE:
5 EL Salatmayonnaise
200 g Joghurt (3,5 % Fett)
5 EL Gurkensud (aus dem Glas)
2 EL geriebener Meerrettich
2 TL mittelscharfer Senf
1 gestr. TL Salz
gemahlener Pfeffer
1 EL Zucker
4 hart gekochte Eier (Größe M)

Heringssalat
Klassisch

1. Die Kartoffeln gründlich waschen, mit Salzwasser bedeckt zum Kochen bringen und zugedeckt 20–25 Minuten kochen lassen. Kartoffel abgießen, mit kaltem Wasser abschrecken und abtropfen lassen. Die Kartoffeln warm pellen, abkühlen lassen und in Würfel schneiden.
2. Heringsfilets etwa 30 Minuten in kaltes Wasser legen. Die Heringsfilets herausnehmen, abtropfen lassen und in Streifen schneiden.
3. Rote Bete in Würfel schneiden. Äpfel schälen, vierteln, entkernen und in Stücke schneiden. Gurken abtropfen lassen, dabei den Sud auffangen. Gurken in Würfel schneiden. Zwiebeln abziehen, halbieren und in feine Streifen schneiden.

4. Kartoffelwürfel, Heringsfiletstreifen, Rote-Bete-Würfel, Apfelstücke, Gurkenwürfel und Zwiebelscheiben in einer großen Salatschüssel mischen. Dill abspülen und trocken tupfen. Die Spitzen von den Stängeln zupfen. Einige Spitzen zum Garnieren beiseitelegen. Restliche Spitzen klein schneiden und unter die Salatzutaten heben.
5. Für die Marinade Mayonnaise mit Joghurt, Gurkensud, Meerrettich und Senf gut verrühren. Mit Salz, Pfeffer und Zucker würzen. Die Marinade unter den Salat heben. Eier pellen, vierteln und ebenfalls unterheben. Den Salat mit den beiseitegelegten Dillspitzen garnieren.

ZUBEREITUNGSZEIT: 40 Minuten

PRO PORTION: E: 9 g, F: 31 g, Kh: 4 g, kJ: 1385, kcal: 331, BE: 0,0

FÜR 10 PORTIONEN:
ZUTATEN:
600 g Lyoner Fleischwurst in Scheiben
720 g Gewürzgurken (aus Gläsern)
1 Bund glatte Petersilie

FÜR DIE MARINADE:
300 g Salatmayonnaise
200 g Joghurt (3,5 % Fett)
50 ml Gurkensud (aus dem Glas)
Salz
gemahlener Pfeffer

Fleischsalat
Traditionell

1. Die Fleischwurstscheiben halbieren und in feine Streifen schneiden. Gurken abtropfen lassen, dabei den Sud auffangen. Gurken zunächst längs in Scheiben, dann in Streifen schneiden. Petersilie abspülen und trocken tupfen. Die Blättchen von den Stängeln zupfen. Blättchen klein schneiden.

2. Für die Marinade Mayonnaise mit Joghurt und Gurkensud in einer Salatschüssel gut verrühren. Mit Salz und Pfeffer würzen.
3. Die vorbereiteten Salatzutaten und die Petersilie zu der Marinade in die Schüssel geben und gut untermischen. Den Salat nochmals mit den Gewürzen abschmecken.

ZUBEREITUNGSZEIT: 55 Minuten, ohne Marinierzeit

PRO PORTION: E: 28 g, F: 29 g, Kh: 35 g, kJ: 2168, kcal: 517, BE: 3,0

FÜR
10–12 PORTIONEN:
ZUTATEN:
1–1,2 kg Lammrückenfilets (Lammlachse)
4 Knoblauchzehen
2 rote Peperoni
6 EL Olivenöl
1–2 TL gerebelter Thymian
2 kg kleine, neue Kartoffeln
Salz

FÜR DAS ZAZIKI:
1 kg griechischer Sahnejoghurt (10 % Fett)
2–3 EL Olivenöl
gemahlener Pfeffer
1 Salatgurke
6 Knoblauchzehen

2 Bund Frühlingszwiebeln
6 EL Olivenöl

Bratkartoffelsalat
mit Lamm und Zaziki

Etwas teurer

1. Die Lammrückenfilets mit Küchenpapier trocken tupfen. Filets in große Würfel schneiden und in eine flache Schale legen. Knoblauch abziehen und klein würfeln. Peperoni halbieren, entstielen, entkernen, abspülen, trocken tupfen und fein würfeln.
2. Olivenöl mit Knoblauch-, Peperoniwürfeln und Thymian verrühren. Die Marinade mit den Lammfiletwürfeln mischen und zugedeckt im Kühlschrank etwa 1 Stunde marinieren.
3. Die Kartoffeln unter fließendem Wasser abbürsten, knapp mit Wasser bedeckt und zugedeckt zum Kochen bringen. Salz zugeben und Kartoffeln in etwa 20 Minuten gar kochen. Die Kartoffeln abgießen, mit kaltem Wasser abschrecken, abtropfen lassen und warm stellen.
4. Für das Zaziki den Joghurt mit dem Olivenöl gut verrühren, mit Salz und Pfeffer würzen. Gurke schälen, halbieren, entkernen und auf einer Haushaltsreibe grob raspeln. Knoblauch abziehen und klein würfeln. Gurken-raspel und Knoblauchwürfel unter den Joghurt rühren.

5. Frühlingszwiebeln putzen, abspülen, abtropfen lassen und in Scheiben schneiden. Das Olivenöl in einer großen Pfanne erhitzen. Kartoffeln halbieren und unter mehrmaligem Wenden darin anbraten. Zwiebelscheiben unterrühren, kurz mitbraten und mit Salz und Pfeffer bestreuen. Kartoffeln mit den Frühlingszwiebeln aus der Pfanne nehmen und auf einer großen Platte anrichten.
6. Lammfiletwürfel aus der Marinade nehmen, in die Pfanne geben und von allen Seiten gut anbraten, evtl. mit Salz bestreuen und etwa 5 Minuten ruhen lassen.
7. Lammfiletwürfel auf den Kartoffeln verteilen. Zaziki in Klecksen daraufgeben und sofort servieren.

Tipp: Den Salat mit frischem Majoran, Oregano oder Thymian garnieren.

ZUBEREITUNGSZEIT: 40 Minuten, ohne Abkühlzeit

PRO PORTION: E: 6 g, F: 21 g, Kh: 13 g, kJ: 1098, kcal: 263, BE: 1,0

FÜR 10 PORTIONEN:
ZUTATEN:
400 g feiner Blattspinat
5 Orangen
100 g Pinienkerne
150 g schwarze Oliven
5 kleine Ziegenfrischkäse
(etwa 200 g)

FÜR DIE MARINADE:
1 Bio-Orange
4 EL Balsamico-Essig
1 TL mittelscharfer Senf
1 EL flüssiger Honig
50 ml Olivenöl
Salz
gemahlener Pfeffer

Spinat-Orangen-Salat

Fruchtig

1. Den Spinat verlesen, gründlich abspülen und gut abtropfen lassen. Spinatblätter mit Küchenpapier trocken tupfen. Eine Salatschale mit den Spinatblättern auslegen.
2. Die Orangen so schälen, dass die weiße Haut mitentfernt wird. Die Orangen in dicke Scheiben schneiden, dabei den Orangensaft auffangen und in eine Rührschüssel geben.
3. Pinienkerne in einer Pfanne ohne Fett unter Wenden goldbraun rösten und auf einen Teller geben.
4. Oliven evtl. abtropfen lassen und mit den Pinienkernen auf die Spinatblätter streuen. Die Orangenscheiben darauf verteilen. Ziegenfrischkäse grob zerbröseln und den Salat damit bestreuen.
5. Für die Marinade die Bio-Orange heiß abwaschen, abtrocknen und die Schale fein abreiben. Orangenschale, Balsamico-Essig, Senf und Honig unter den aufgefangenen Orangensaft rühren. Das Olivenöl unterschlagen, mit Salz und Pfeffer abschmecken.
6. Den Salat mit der Marinade beträufeln. Oder die Marinade zu dem Salat reichen.

ZUBEREITUNGSZEIT: 20 Minuten

PRO PORTION: E: 18 g, F: 26 g, Kh: 6 g, kJ: 1390, kcal: 332, BE: 0,5

FÜR 10 PORTIONEN:
ZUTATEN:
3 Äpfel, z. B. Jonagold
3 rote Zwiebeln
500 g Radieschen
400 g Bergkäse
200 g Emmentalerkäse
1 Bund Schnittlauch

Salz, gemahlener Pfeffer

FÜR DIE MARINADE:
4 EL Weißweinessig
2 EL mittelscharfer Senf
6 EL Olivenöl
1 Prise Zucker
60 g frischer Meerrettich

Apfel-Käse-Salat

Schnell gemacht

1. Die Äpfel waschen und abtrocknen. Äpfel nach Belieben schälen, halbieren und jeweils das Kerngehäuse herausschneiden. Apfelhälften auf einem Gemüsehobel in feine Scheiben hobeln.

2. Zwiebeln abziehen und in feine Scheiben schneiden. Radieschen putzen, abspülen, abtropfen lassen und in feine Scheiben schneiden.

3. Die beiden Käsesorten in kleine Würfel schneiden. Schnittlauch abspülen, trocken tupfen und in Röllchen schneiden.

4. Die vorbereiteten Zutaten in eine Salatschüssel geben und mit Salz und Pfeffer würzen.

5. Essig mit Senf verrühren. Olivenöl unterschlagen. Die Marinade mit Salz und Zucker abschmecken.

6. Meerrettich schälen, fein reiben und unter die Marinade rühren. Die Marinade unter den Salat heben. Den Apfel-Käse-Salat mit Salz und Pfeffer abschmecken.

ZUBEREITUNGSZEIT: 40 Minuten, ohne Durchziehzeit

PRO PORTION: E: 2 g, F: 5 g, Kh: 7 g, kJ: 353, kcal: 84, BE: 0,5

FÜR 10 PORTIONEN:
ZUTATEN:
1 Kopf Weißkraut
(Weißkohl, etwa 1 ½ kg)
1 gestr. TL Salz

1 EL Zucker
2 Zwiebeln
5 EL Olivenöl
5 EL Weißweinessig
1 TL Kümmelsamen

Krautsalat

Zum Vorbereiten

1. Weißkraut putzen, vierteln und den Strunk herausschneiden. Krautviertel abspülen, abtropfen lassen und auf einem Gemüsehobel in feine Streifen hobeln. Krautstreifen in eine Salatschüssel geben, Salz und Zucker untermischen. Weißkraut zugedeckt mindestens 1 Stunde durchziehen lassen.

2. Zwiebeln abziehen, in feine Streifen schneiden und mit den Weißkrautstreifen vermischen.

3. Olivenöl, Essig und Kümmel unter den Salat rühren. Den Salat mit Salz und Zucker abschmecken und zugedeckt mindestens 5 Stunden durchziehen lassen.

ZUBEREITUNGSZEIT: 20 Minuten

GRILLZEIT: 10–15 Minuten

PRO PORTION: E: 4 g, F: 18 g, Kh: 13 g, kJ: 971, kcal: 231, BE: 2,0

FÜR 8 PORTIONEN:
ZUTATEN:
je 2 rote, gelbe und grüne Paprikaschoten
8 Tomaten
2 Zucchini
2 kleine Auberginen
etwas Olivenöl
8 EL Balsamico-Essig
12 EL Olivenöl
Salz
gemahlener Pfeffer
einige vorbereitete Basilikumblätter

Gemüsesalat
vom Grill

Titelrezept – Einfach

1. Die Paprikaschoten halbieren, entstielen und die weißen Scheidewände entfernen. Schotenhälften abspülen, abtropfen lassen, grob schälen und vierteln.
2. Tomaten abspülen, abtrocknen, halbieren und die Stängelansätze herausschneiden.
3. Zucchini und Auberginen abspülen, abtrocknen, die Enden und Stängelansätze abschneiden und in etwa 1 cm dicke Scheiben schneiden.
4. Einen Grillrost dünn mit Olivenöl bestreichen. Paprika-schotenviertel, Tomatenhälften, Zucchini- und Auberginen-scheiben auf den heißen Grillrost legen. Das Gemüse am Rand des Grillrosts 10–15 Minuten grillen, dabei ab und zu wenden und mit etwas Olivenöl beträufeln.

5. Sobald es ausreichend gebräunt ist, das Gemüse vom Grillrost nehmen und in einer flachen Schale oder Auflauf-form anrichten. Das Gemüse mit Balsamico-Essig und Olivenöl beträufeln.
6. Gemüsesalat mit Salz und Pfeffer würzen und mit Basilikumblättern bestreuen.

Tipp: Der Gemüsesalat passt zu frischem Baguette oder als Auflage für einen vegetarischen Burger. Für Nicht-Vegetarier ist der Salat eine leckere Beilage zu Fleisch und Fisch. Statt auf dem Grill kann das Gemüse auch in einer Grillpfanne zubereitet werden.

ZUBEREITUNGSZEIT: 45 Minuten

PRO PORTION: E: 14 g, F: 27 g, Kh: 14 g, kJ: 1509, kcal: 359, BE: 1,0

FÜR 8 PORTIONEN:
ZUTATEN:
400 g Tomaten
2 Papayas (etwa 500 g)
350 g Salatgurke

FÜR DAS DRESSING:
6 EL Limettensaft
6 EL Ahornsirup
10 EL Olivenöl
Salz
gemahlener Pfeffer

150 g Frisée-Salat
6–8 Stängel Koriander
80 g geröstete, gesalzene Macadamianusskerne
2 EL Sesamöl
800 g Hüttenkäse

Papaya-Tomaten-Salat
auf Hüttenkäse

Raffiniert

1. Tomaten abspülen, abtrocknen, halbieren und Stängelansätze herausschneiden. Tomaten klein würfeln. Papayas längs halbieren und die Kerne mit einem Löffel herausschaben. Papayas in Streifen schneiden, schälen und in kleine Stücke schneiden.
2. Gurken schälen, die Enden abschneiden. Gurken längs vierteln und die Kerne entfernen. Gurken in kleine Stücke schneiden.
3. Limettensaft, Ahornsirup und Olivenöl verschlagen, mit Salz und Pfeffer würzen. Dressing mit Tomaten, Papaya und Gurken mischen.
4. Den Frisée-Salat putzen, abspülen, abtropfen lassen oder trocken schleudern. Frisée grob schneiden. Den Frisée-Salat unter den Papaya-Tomaten-Salat geben.
5. Koriander abspülen, trocken tupfen, die Blättchen von den Stängeln zupfen und fein schneiden. Macadamianusskerne hacken und mit Koriander und Sesamöl unter den Hüttenkäse rühren. Den Hüttenkäse auf 8 Tellern verteilen. Den Salat darauf anrichten und sofort servieren.

Tipp: Zum Servieren den Hüttenkäsebecher auswaschen und abtrocknen. Becherboden mit einer Schere abschneiden, sodass man einen Ring erhält. Den Becherring dann auf den Teller legen. Den Hüttenkäse hineinfüllen, etwas andrücken und den Becher nach oben wegziehen.

ZUBEREITUNGSZEIT: 40 Minuten, ohne Marinierzeit

PRO PORTION: E: 26 g, F: 7 g, Kh: 41 g, kJ: 1416, kcal: 338, BE: 3,5

FÜR 8 PORTIONEN:
ZUTATEN:
600 g Hähnchenbrustfilets
2 Knoblauchzehen
2 EL Zitronensaft
2 EL Sojasauce
gemahlener Pfeffer
frischer Thymian
etwas abgeriebene Schale von
1 Bio-Zitrone
3 EL Speiseöl

3 l Wasser
3 gestr. TL Salz
400 g Farfalle-Nudeln
(Schmetterlingsnudeln)

300 g Kohlrabi
300 g Zuckerschoten
2 EL Speiseöl

Farfalle-Salat
Schnell
mit Zitronenhähnchen

1. Hähnchenbrustfilets unter fließendem kalten Wasser abspülen, trocken tupfen, in Würfel schneiden und in eine flache Schale legen. Knoblauch abziehen und durch eine Knoblauchpresse drücken.

2. Zitronensaft mit Sojasauce, Knoblauch, Pfeffer, Thymian und Zitronenschale verrühren. Speiseöl unterschlagen. Die Fleischwürfel mit der Marinade übergießen und etwa 1 Stunde durchziehen lassen.

3. Wasser in einem großen Topf mit geschlossenem Deckel zum Kochen bringen. Salz und Nudeln hinzugeben. Die Nudeln im geöffneten Topf bei mittlerer Hitze nach Packungsanleitung kochen lassen, dabei zwischendurch 4–5-mal umrühren.

4. Anschließend die Nudeln auf ein Sieb geben, mit kaltem Wasser abspülen und abtropfen lassen.

5. Kohlrabi putzen, schälen und in Rauten oder in kleine Scheiben schneiden. Zuckerschoten putzen und die Enden abschneiden. Zuckerschoten waschen, abtropfen lassen und halbieren. Kohlrabi und Zuckerschoten in kochendem Salzwasser 2–3 Minuten blanchieren, auf ein Sieb geben, mit kaltem Wasser übergießen und abtropfen lassen.

6. Fleischwürfel aus der Marinade nehmen und gut abtropfen lassen. Speiseöl in einer Pfanne erhitzen. Fleischwürfel von allen Seiten darin anbraten, herausnehmen und beiseitestellen.

7. Restliche Marinade zum Bratensatz geben und unter Rühren aufkochen lassen, mit Salz und Pfeffer abschmecken.

8. Nudeln, Kohlrabirauten oder -scheiben und Zuckerschoten in eine große Schüssel geben und mit der Sauce gut vermischen. Salat kurz durchziehen lassen.

ZUBEREITUNGSZEIT: 40 Minuten, ohne Durchziehzeit

PRO PORTION: E: 25 g, F: 34 g, Kh: 53 g, kJ: 2587, kcal: 619, BE: 4,5

FÜR 8–10 PORTIONEN:
ZUTATEN:
5 l Wasser
5 TL Salz
500 g dreifarbige Farfalle-Nudeln (Schmetterlingsnudeln)

FÜR DIE SALATSAUCE:
5 EL Weißweinessig
2 EL Basilikumessig (oder Kräuteressig)
1 TL Salz
2 TL Zucker
1 gestr. TL geschroteter Pfeffer
150 ml Olivenöl
5 EL Wasser
1 Topf Basilikum

500 g Mozzarella
500 g Cocktailtomaten
500 g kleine Champignons
570 g Gemüsemais (aus Dosen)
1 großer Radicchio-Kopf
1 Bund Frühlingszwiebeln
80 g gestiftelte Mandeln oder Pinienkerne

Mozzarella-Nudel-Salat

Beliebt

1. Wasser in einem großen Topf zugedeckt zum Kochen bringen. Salz und Nudeln hinzufügen. Nudeln im geöffneten Topf bei mittlerer Hitze nach Packungsanleitung bissfest kochen, dabei gelegentlich umrühren. Nudeln auf ein Sieb abgießen, mit kaltem Wasser abspülen, abtropfen und erkalten lassen.

2. Für die Salatsauce die beiden Essigsorten mit Salz, Zucker und Pfeffer gut verrühren. Öl und Wasser nach und nach unterschlagen. Basilikum abspülen, trocken tupfen und die Blättchen von den Stängeln zupfen. Blättchen fein schneiden und unterrühren. Die Salatsauce mit den Nudeln mischen und 1–2 Stunden durchziehen lassen.

3. Mozzarella gut abtropfen lassen und in kleine Würfel schneiden. Cocktailtomaten waschen, abtrocknen und nach Belieben halbieren oder vierteln. Stängelansätze herausschneiden. Champignons putzen, mit Küchenpapier abreiben, evtl. abspülen und gut abtropfen lassen.

4. Mais auf einem Sieb abtropfen lassen. Radicchio putzen, vierteln, abspülen, abtropfen lassen und den Strunk herausschneiden. Radicchio in Streifen schneiden.

5. Frühlingszwiebeln putzen, abspülen, abtropfen lassen und in feine Ringe schneiden. Mandeln oder Pinienkerne in einer Pfanne ohne Fett goldbraun rösten und erkalten lassen.

6. Mozzarellawürfel, Cocktailtomaten, Champignons, Mais, Radicchiostreifen und Frühlingszwiebelringe mit den Nudeln vermengen. Nudelsalat evtl. nochmals mit Salz und Pfeffer abschmecken und mit Mandelstiften oder Pinienkernen bestreut servieren.

Tipp: Mozzarella gibt es auch als kleine Kugeln zu kaufen.

ZUBEREITUNGSZEIT: 1 Stunde, ohne Durchziehzeit

PRO PORTION: E: 19 g, F: 37 g, Kh: 23 g, kJ: 2107, kcal: 503, BE: 2,0

FÜR 12 PORTIONEN:
ZUTATEN:
Salzwasser
700 g grüne TK-Brechbohnen
300 g Staudensellerie
500 g Möhren
2 Bund Frühlingszwiebeln
8 hart gekochte Eier
740 g Wachsbrechbohnen (aus Gläsern)
700 g weiße Riesenbohnen (aus Dosen)
400 g Kasseler-Aufschnitt

FÜR DIE SAUCE:
1 Bund Petersilie
500 g Salatmayonnaise
500 g Schmand
1–2 TL flüssiger Honig
Salz
gemahlener Pfeffer
Cayennepfeffer

Schichtsalat mit Bohnen

Klassisch – gut vorzubereiten

1. Salzwasser in einem Topf zum Kochen bringen. Grüne Brechbohnen hinzufügen und etwa 10 Minuten kochen lassen. Bohnen auf ein Sieb geben, mit kaltem Wasser abspülen und abtropfen lassen.

2. Staudensellerie putzen, waschen, abtropfen lassen und die harten Außenfäden abziehen. Selleriestangen in dünne Scheiben schneiden. Möhren putzen, schälen, abspülen, abtropfen lassen und grob raspeln.

3. Frühlingszwiebeln putzen, waschen, abtropfen lassen und in dünne Ringe schneiden. Einige Ringe zum Garnieren beiseitelegen. Eier pellen und in Scheiben schneiden.

4. Wachsbrechbohnen und Riesenbohnen getrennt auf Siebe geben und abtropfen lassen. Kasseler-Aufschnitt in Streifen schneiden.

5. Für die Sauce Petersilie abspülen und trocken tupfen. Die Blättchen von den Stängeln zupfen. Einige Blättchen zum Garnieren beiseitelegen. Restliche Blättchen fein schneiden. Mayonnaise mit Schmand und Honig verrühren und mit Salz, Pfeffer und Cayennepfeffer abschmecken. Petersilie unterrühren.

6. Nacheinander die Zutaten in eine große Schüssel oder 12 Portionsgläser schichten und mit der Salatsauce übergießen. Salat zugedeckt und kalt gestellt etwa 12 Stunden durchziehen lassen. Salat mit beiseitegelegten Petersilienblättchen und Frühlingszwiebelringen garnieren.

Tipp: Anstelle von Schmand können Sie auch saure Sahne oder milden Naturjoghurt verwenden.

Abwandlung: 24-Stunden-Salat (für 8 Portionen) Der Reihe nach in eine große Schüssel schichten: 1 Eisbergsalat in Streifen geschnitten, 2 grüne gewürfelte Paprikaschoten, 300 g gegarte Erbsen, 1 große gewürfelte Gemüsezwiebel, 4 gekochte Eier in Scheiben geschnitten, 1 kleine Dose Kidneybohnen und 1 Dose Gemüsemais. Über den geschichteten Salat eine Sauce aus 150 g Naturjoghurt, 150 g Crème fraîche und 250 g Salatmayonnaise geben. Den Salat mit geraspeltem Goudakäse bestreuen und zugedeckt und kalt gestellt 24 Stunden durchziehen lassen.

ZUBEREITUNGSZEIT: 40 Minuten

GARZEIT: 15 Minuten

PRO PORTION: E: 26 g, F: 44 g,
Kh: 16 g, kJ: 2364, kcal: 567,
BE: 1,0

FÜR 12 PORTIONEN:
ZUTATEN:
2 mittelgroße Zwiebeln
(etwa 250 g)
100 g Ingwerwurzel
8 EL Maiskeimöl
1 ½ kg Thüringer Mett
(gewürztes Schweinemett)
3 kleine Äpfel (etwa 400 g)
400 g Möhren

300 g feine TK-Erbsen
3 EL rote Currypaste
500 ml Geflügelfond
800 ml ungezuckerte Kokosmilch
80 g Rosinen
2 EL Limetten- oder Zitronensaft
Salz
gemahlener Pfeffer

Currytopf
mit Kokosmilch

Einfach

1. Zwiebeln abziehen, halbieren und in Würfel schneiden.
Ingwer schälen und klein würfeln.
2. Jeweils die Hälfte des Maiskeimöls in einem großen Topf
erhitzen. Mett in 2 Portionen darin unter Rühren anbraten.
Dabei die Fleischklümpchen mit einer Gabel zerdrücken.
Zwiebel- und Ingwerwürfel hinzugeben und unter Rühren
mit anbraten.
3. Äpfel schälen, vierteln, entkernen und in kleine Würfel
schneiden. Möhren putzen, schälen, abspülen, abtropfen
lassen und in Stifte schneiden. Apfelwürfel und Möhrenstifte
zu dem angebratenen Mett in den Topf geben und kurz
mitbraten lassen.

4. Gefrorene Erbsen hinzugeben. Currypaste unterrühren.
Geflügelfond und Kokosmilch hinzugießen. Rosinen
unterrühren. Die Zutaten zum Kochen bringen und den
Currytopf etwa 15 Minuten bei mittlerer Hitze kochen
lassen.
5. Den Currytopf mit Limetten- oder Zitronensaft,
eventuell Salz und Pfeffer abschmecken.

Beilage: Langkornreis.

Tipp: Den Currytopf mit frisch gehacktem Koriander
bestreuen und mit Korianderblättchen garnieren. Der
Currytopf kann gut vorbereitet werden, dann kurz vor dem
Verzehr erwärmen.

ZUBEREITUNGSZEIT: 60 Minuten

GARZEIT: etwa 70 Minuten

PRO PORTION: E: 30 g, F: 23 g, Kh: 17 g, kJ: 1654, kcal: 395, BE: 1,0

FÜR 12 PORTIONEN:
ZUTATEN:
je 750 g Schweine- und Rindergulasch
3 Gemüsezwiebeln (je etwa 225 g)
3 Knoblauchzehen
600 g rote und gelbe Paprikaschoten
120 g Butterschmalz
750 g mehligkochende Kartoffeln
60 g (3 EL) Tomatenmark
2 ½ l Gemüsebrühe

Salz
Cayennepfeffer
Paprikapulver rosenscharf
Zucker
1 ½ TL gemahlener Thymian

FÜR DEN DIP:
1 Bund Petersilie
450 g saure Sahne (10 % Fett)
gemahlener Pfeffer

3 gestr. EL dunkler Saucenbinder

Gulaschsuppe
mit Saure-Sahne-Dip

Klassisch – gefriergeeignet

1. Gulasch mit Küchenpapier trocken tupfen und in etwas kleinere Stücke schneiden. Gemüsezwiebeln abziehen, halbieren und in kleine Würfel schneiden. Knoblauch ebenfalls abziehen und klein würfeln. Paprikaschoten halbieren, entstielen, entkernen und die weißen Scheidewände entfernen. Schotenhälften waschen, abtropfen lassen und in Würfel schneiden.

2. Jeweils etwas Butterschmalz in einem großen Topf erhitzen. Die Fleischstücke darin in mehreren Portionen unter gelegentlichem Rühren kräftig anbraten. Zwiebel-, Knoblauch- und Paprikawürfel portionsweise hinzugeben und unter Rühren mit anbraten.

3. Kartoffeln schälen, abspülen, abtropfen lassen und in kleine Würfel schneiden. Kartoffelwürfel und Tomatenmark zu dem angebratenen Fleisch in den Topf geben und 2–3 Minuten mitbraten lassen. Brühe hinzugießen und mit Salz, Cayennepfeffer, Paprika und Zucker würzen.

4. Die Zutaten zum Kochen bringen und zugedeckt etwa 1 Stunde bei schwacher Hitze leicht kochen lassen. Thymian unterrühren. Die Suppe noch weitere etwa 10 Minuten garen.

5. In der Zwischenzeit für den Dip Petersilie abspülen und trocken tupfen. Die Blättchen von den Stängeln zupfen und klein schneiden. Saure Sahne mit der Petersilie in einer Schüssel verrühren. Den Dip mit Salz und Pfeffer abschmecken.

6. Den Saucenbinder in die gare Suppe rühren und nochmals unter Rühren aufkochen lassen. Die Gulaschsuppe mit Salz, Pfeffer und Paprika abschmecken, sofort servieren. Den Saure-Sahne-Dip dazureichen.

Tipp: Das Fleisch immer portionsweise anbraten, die Röststoffe geben den typischen Geschmack für die Suppe. Ersetzen Sie 200 ml der Brühe durch Rotwein. Dazu passt ofenwarmes Kräuter- oder Knoblauchbaguette.

ZUBEREITUNGSZEIT: 45 Minuten, ohne Durchziehzeit

GARZEIT: etwa 2 ½ Stunden

PRO PORTION: E: 34 g, F: 45 g, Kh: 15 g, kJ: 2514, kcal: 601, BE: 1,0

FÜR 12 PORTIONEN:
ZUTATEN:
2 Brötchen (Semmeln) vom Vortag
4 Zwiebeln (etwa 350 g)
1 ½ kg Gehacktes (halb Rind-, halb Schweinefleisch)
3 Eier (Größe M)
Salz
gemahlener Pfeffer
2 TL Paprikapulver edelsüß

FÜR DIE SAUCE:
5 Zwiebeln (etwa 500 g)
3 EL Speiseöl
200 g magerer, gewürfelter Schinkenspeck
250 g Schmand (Sauerrahm)
250 g Crème fraîche
250 g Schlagsahne
250 ml Milch
600 g Champignonscheiben (aus Gläsern)
2 Pck. helle Bratensauce (für je 250 ml)

einige Petersilienblättchen

Frikadellentopf

Raffiniert

1. Brötchen in kaltem Wasser einweichen und gut ausdrücken. Zwiebeln abziehen, halbieren, in Würfel schneiden. Gehacktes in eine große Schüssel geben. Eingeweichte Brötchen, Eier und Zwiebelwürfel hinzufügen und gut unterarbeiten. Mit Salz, Pfeffer und Paprika würzen.
2. Aus der Hackfleischmasse mit angefeuchteten Händen kleine Frikadellen (Ø 3–4 cm) formen und in einen großen Bräter legen.
3. Für die Sauce Zwiebeln abziehen, in dünne Scheiben schneiden. Speiseöl in einem Topf erhitzen. Zwiebelscheiben und Speckwürfel darin etwa 10 Minuten unter Rühren anbraten. Schmand, Crème fraîche, Sahne und Milch hinzugeben und gut unterrühren.
4. Champignonscheiben auf einem Sieb abtropfen lassen, in die Sauce geben und aufkochen lassen. Saucenpulver nach Packungsanleitung einrühren, unter Rühren nochmals aufkochen lassen. Die Frikadellen sofort mit der heißen Sauce übergießen und abkühlen lassen.

5. Den Bräter mit dem Deckel verschließen und in den Kühlschrank stellen. Den Frikadellentopf 5–6 Stunden durchziehen lassen.
6. Den Backofen vorheizen.
Ober-/Unterhitze etwa 200 °C
Heißluft etwa 180 °C
7. Den Bräter mit dem Deckel auf dem Rost in den vorgeheizten Backofen schieben. Den Frikadellentopf **etwa 2 ½ Stunden garen.** Nach etwa 1 ½ Stunden Garzeit den Frikadellentopf einmal vorsichtig umrühren und mit Deckel weitergaren. Etwa 15 Minuten vor Ende der Garzeit den Deckel abnehmen und Frikadellentopf fertig garen.
8. Den Frikadellentopf auf Tellern verteilen und mit abgespülten und trocken getupften Petersilienblättchen garnieren.

Beilage: Basmatireis mit Petersilie bestreut.

ZUBEREITUNGSZEIT: 40 Minuten

BRATZEIT: 65–70 Minuten

PRO PORTION: E: 39 g, F: 56 g, Kh: 11 g, kJ: 2947, kcal: 704, BE: 1,0

FÜR 12 PORTIONEN:
ZUTATEN:
12 Entenkeulen
(frisch oder TK, je etwa 250 g)
Salz
1 Bund Salbei
1 Zweig Thymian
4 mittelgroße Zwiebeln
4 EL Olivenöl
1 große Dose Tomaten
(Einwaage 800 g)
1 TL geschroteter, schwarzer Pfeffer
240 g weiße Riesenbohnen
(aus der Dose)
240 g Kidneybohnen
(aus der Dose)
440 g feine, grüne Bohnen
(aus der Dose)
gemahlener Pfeffer
1 Bio-Zitrone
4 Knoblauchzehen
100 g gehackte Mandeln
1 Prise gemahlener Piment
100 g weiche Butter

Bohnen mit Entenkeulen

Raffiniert

1. Den Backofen vorheizen.
Ober-/Unterhitze 200 °C
Heißluft 180 °C
2. Entenkeulen kurz unter fließendem kalten Wasser abspülen und trocken tupfen (TK-Entenkeulen vorher auftauen lassen).
3. Entenkeulen kräftig mit Salz einreiben. Salbei und Thymianzweig abspülen und trocken tupfen. Von dem Salbei die Blättchen von den Stängeln zupfen (einige Blättchen zum Garnieren beiseitelegen). Blättchen in Streifen schneiden. Von dem Thymianzweig ebenfalls die Blättchen von den Stängeln zupfen.
4. Zwiebeln abziehen und vierteln. Zwiebelviertel, Salbeistreifen, Thymianblättchen, Olivenöl, Tomaten und Pfeffer in einer Schüssel gut vermischen und in einer Fettpfanne (30 x 40 cm) verteilen. Die Entenkeulen darauflegen und 200 ml Wasser hinzugießen.
5. Die Fettpfanne in den vorgeheizten Backofen schieben. Die Entenkeulen in **etwa 50 Minuten hellbraun braten.**
6. Riesenbohnen und Kidneybohnen auf ein Sieb geben, kalt abspülen und abtropfen lassen. Grüne Bohnen ebenfalls auf einem Sieb abtropfen lassen. Die Bohnen in eine Schüssel geben und vermischen, mit Salz und Pfeffer würzen.

7. Zitrone heiß abwaschen, abtrocknen, die Schale abreiben und 2 Teelöffel abmessen. Zitrone halbieren und den Saft auspressen. Knoblauch abziehen. Knoblauch, Zitronenschale, -saft und Mandeln in einen hohen Rührbecher geben. Je eine Prise Salz und Piment hinzufügen. Die Zutaten mit einem Stabmixer grob pürieren. Butter unterarbeiten.
8. Die Fettpfanne aus dem Backofen nehmen. Die Entenkeulen herausnehmen. Die Bohnen-Mischung zu dem Bratenfond in die Fettpfanne geben und gut untermischen. Die Entenkeulen wieder darauflegen. Das Butter-Mandel-Püree auf den Entenkeulen verteilen. Die Fettpfanne wieder in den heißen Backofen schieben. Die Bohnen mit den Entenkeulen **bei gleicher Backofentemperatur 15–20 Minuten garen.**
9. Die Bohnen mit Entenkeulen mit den beiseitegelegten Salbeiblättchen garnieren.

Beilage: Fladenbrot oder Weizenbrot oder Röstkartoffeln.

Tipp: Statt Entenkeulen können Sie auch Hähnchenkeulen verwenden. Die Bratzeit beträgt dann etwa 40 Minuten. Wer keine Riesenbohnen bekommt, kann auch nur Kidneybohnen verwenden.

ZUBEREITUNGSZEIT: 80 Minuten, ohne Durchziehzeit

GARZEIT: etwa 50 Minuten

PRO PORTION: E: 24 g, F: 29 g, Kh: 20 g, kJ: 1952, kcal: 466, BE: 1,5

FÜR 8 PORTIONEN:
ZUTATEN:
1 kg Lammfleisch
(aus der Keule, ohne Knochen)
4 Knoblauchzehen
6 EL Olivenöl
2 EL Gyros-Gewürzsalz
1 EL getrockneter Oregano
3 kleine Gemüsezwiebeln (600 g)
je 1 rote, gelbe und grüne
Paprikaschote
2 mittelgroße Zucchini

1 ½ l Gemüsebrühe
250 g Kidneybohnen
(aus der Dose)
400 g geschälte Tomaten
(aus der Dose)
Salz
gemahlener Pfeffer
Paprikapulver edelsüß
2 Bund glatte Petersilie

Lammgyrossuppe

Raffiniert

1. Lammfleisch unter fließendem kalten Wasser abspülen, trocken tupfen, zuerst in Scheiben, dann in Streifen oder Würfel schneiden und in eine Schüssel geben.
2. Knoblauch abziehen und durch die Knoblauchpresse zu dem Fleisch geben. Mit Öl, Gyros-Gewürzsalz und Oregano mischen und etwas durchziehen lassen.
3. Gemüsezwiebeln abziehen, halbieren, in Streifen schneiden und mit dem Fleisch mischen.
4. Paprikaschoten halbieren, entstielen, entkernen und die weißen Scheidewände entfernen. Schotenhälften waschen und in Streifen schneiden. Zucchini waschen, abtrocknen, die Enden abschneiden und Zucchini in dünne Scheiben schneiden.
5. Die Fleisch-Zwiebel-Gewürz-Mischung in einem großen, flachen Topf anbraten. Paprikastreifen und Zucchinischeiben hinzufügen und kurz mitdünsten. Gemüsebrühe hinzugießen, alles zum Kochen bringen und etwa 40 Minuten kochen lassen.

6. Kidneybohnen auf ein Sieb geben, kalt abspülen und abtropfen lassen. Tomaten mit der Flüssigkeit und Bohnen zu der Suppe geben, alles wieder zum Kochen bringen, mit Salz, Pfeffer und Paprikapulver würzen und noch etwa 10 Minuten ziehen lassen.
7. Petersilie kalt abspülen, trocken tupfen, die Blättchen von den Stängeln zupfen und in feine Streifen schneiden. Die Suppe vor dem Servieren damit bestreuen.

Beilage: Fladenbrot.

Tipp: Sie können die Suppe auch im Backofen garen. Dazu alle wie oben angegeben vorbereiteten Zutaten (Fleisch unangebraten) in einen Bräter schichten, den Bräter auf dem Rost in den vorgeheizten Backofen schieben und die Suppe bei Ober-/Unterhitze: etwa 200 °C oder Heißluft: etwa 180 °C etwa 75 Minuten garen.

ZUBEREITUNGSZEIT: 20 Minuten

GARZEIT: etwa 10 Minuten

PRO PORTION: E: 38 g, F: 22 g, Kh: 3 g, kJ: 1525, kcal: 368, BE: 0,0

FÜR 12 PORTIONEN:
ZUTATEN:
1 ½ l Hühnerbrühe
1 ½ l Kokosmilch
3 rote Chilischoten
Saft von 1 ½ Limetten
1,8 kg Hähnchenbrustfilets
12 Limettenblätter
Salz
gemahlener Pfeffer
1 ½ Bund Koriander

Kokos-Hähnchen-Suppe

Exotisch

1. Hühnerbrühe und Kokosmilch in einen großen Topf geben und aufkochen lassen. Chilischoten halbieren, entstielen und entkernen. Schotenhälften waschen, trocken tupfen und in feine Ringe schneiden. Limettensaft und Chiliringe zu der Kokosbrühe in den Topf geben.
2. Hähnchenbrustfilets kurz unter fließendem kalten Wasser abspülen, trocken tupfen und jeweils quer in dünne Scheiben schneiden. Die Fleischscheiben in die Suppe geben und etwa 10 Minuten bei schwacher Hitze gar ziehen lassen.
3. Limettenblätter abspülen, trocken tupfen und unter die Suppe rühren. Mit Salz und Pfeffer abschmecken.
4. Koriander abspülen und trocken tupfen. Die Blättchen von den Stängeln zupfen (einige Blättchen zum Garnieren beiseitelegen). Blättchen klein schneiden und in die Suppe geben. Die Suppe mit den beiseitegelegten Korianderblättchen garnieren.

Tipp: Um die Suppe gehaltvoller zu machen, kann sie mit Basmatireis serviert werden. Die Limettenblätter können eventuell durch etwas abgeriebene Schale von einer Bio-Limette ersetzt werden.

ZUBEREITUNGSZEIT: 45 Minuten, ohne Abkühlzeit

GARZEIT: etwa 20 Minuten

PRO PORTION: E: 14 g, F: 12 g, Kh: 9 g, kJ: 836, kcal: 199, BE: 0,5

FÜR 12 PORTIONEN:
ZUTATEN:
3 Gemüsezwiebeln (je etwa 250 g)
3 große Knollensellerie
(je etwa 800 g)
6 EL Speiseöl
2 ½ l Gemüsebrühe
Salz

Cayennepfeffer
6 EL (75 g) Pinienkerne
6 geräucherte Forellenfilets
(je 60–70 g)
600 ml Milch
3 TL Apfelessig

einige Petersilienblättchen

Selleriecremesuppe
mit Forellenfilets

Für Gäste – raffiniert

1. Gemüsezwiebeln abziehen, halbieren und in kleine Würfel schneiden. Sellerie putzen, schälen, abspülen, abtropfen lassen und in Stücke schneiden. Jeweils etwas Speiseöl in einem großen Topf erhitzen. Zwiebelwürfel darin portionsweise andünsten. Selleriestücke ebenfalls portionsweise hinzugeben und 2–3 Minuten mitdünsten lassen.
2. Brühe hinzugießen, mit Salz und Cayennepfeffer würzen. Die Zutaten zum Kochen bringen und zugedeckt etwa 20 Minuten kochen lassen, bis die Selleriestücke weich sind. Anschließend mit einem Stabmixer fein pürieren.
3. In der Zwischenzeit Pinienkerne in einer Pfanne ohne Fett unter Rühren goldbraun rösten, herausnehmen und auf einem Teller abkühlen lassen. Forellenfilets in mundgerechte Stücke zupfen, dabei eventuell Gräten entfernen.
4. Milch unter die pürierte Selleriecremesuppe rühren und unter Rühren kurz erwärmen. Mit Essig, Salz und Cayennepfeffer abschmecken. Petersilienblättchen abspülen und trocken tupfen.
5. Die Suppe in Tellern oder Suppenschalen verteilen, mit Pinienkernen und Forellenfilets anrichten und mit Petersilienblättchen garnieren.

Tipp: Statt Forellenfilets können Sie auch die gleiche Menge Räucherlachs (in Streifen) oder Krabbenfleisch nehmen. Wer keinen Fisch mag, kann etwas Gartenkresse verwenden. Pinienkerne können Sie durch Sonnenblumenkerne ersetzen. Die Suppe mit Kerbelblättchen garnieren und mit Paprikapulver edelsüß bestäuben.

ZUBEREITUNGSZEIT: 50 Minuten

GARZEIT: etwa 90 Minuten

PRO PORTION: E: 38 g, F: 20 g, Kh: 13 g, kJ: 1609, kcal: 384, BE: 0,5

FÜR 10–12 PORTIONEN:
ZUTATEN:
Zum Vorbereiten:
500 g Kasseler (Kotelettstück, ohne Knochen)
500 g Champignons
500 g Gemüsezwiebeln
500 g rote Paprikaschoten
500 g Rindergulasch

500 g Schweinegulasch
500 g Thüringer Mett (gewürztes Schweinemett)
250 ml Schaschliksauce
250 ml Zigeunersauce

Sieben-Pfund-Topf

Klassisch

1. Zum Vorbereiten Kasseler mit Küchenpapier trocken tupfen und in etwa 1 ½ cm große Würfel schneiden.
2. Den Backofen vorheizen.
Ober-/Unterhitze etwa 200 °C
Heißluft etwa 180 °C
3. Champignons putzen, mit Küchenpapier abreiben, eventuell abspülen, trocken tupfen und in Scheiben schneiden. Zwiebeln abziehen, halbieren und in Streifen schneiden. Paprikaschoten halbieren, entstielen, entkernen und die weißen Scheidewände entfernen. Schotenhälften waschen, abtropfen lassen und ebenfalls in Streifen schneiden.
4. Rinder- und Schweinegulasch mit dem Mett vermischen. Schaschlik- und Zigeunersauce verrühren.
5. Die Gulasch-Mett-Mischung mit Kasselerwürfeln, Champignonscheiben, Zwiebel- und Paprikastreifen in einen großen Bräter schichten. Jeweils etwas von der Schaschlik-Zigeunersauce-Mischung auf die einzelnen Schichten geben.
6. Den Bräter mit dem Deckel verschließen und auf dem Rost in den vorgeheizten Backofen schieben (untere Schiene).
7. Den Sieben-Pfund-Topf **etwa 90 Minuten garen,** dabei die Zutaten nach jeweils etwa 20 Minuten umrühren.

Beilage: Salzkartoffeln.

Tipps: Statt Schaschliksauce kann auch eine Chilisauce verwendet werden. Den Pfundstopf mit einem Schuss Schlagsahne (etwa 100 g) verfeinern.

ZUBEREITUNGSZEIT: 30 Minuten

GARZEIT: etwa 5 Minuten

PRO PORTION: E: 9 g, F: 25 g, Kh: 7 g, kJ: 1194, kcal: 287, BE: 0,0

FÜR 12 PORTIONEN:
ZUTATEN:
9 Knoblauchzehen
6 Zwiebeln
2 ¼ kg Zucchini
6 EL Speiseöl,
z. B. Sonnenblumenöl
1,8 l Gemüsebrühe
1 l ungesüßte Kokosmilch
300 g Schafskäse
2 Bund Schnittlauch
gemahlenes Zitronengras
Salz
gemahlener Pfeffer

Zucchini-Kokos-Suppe

Exotisch – schnell

1. Knoblauch und Zwiebeln abziehen und jeweils in kleine Würfel schneiden. Zucchini waschen, abtrocknen und die Enden abschneiden. Zucchini ebenfalls klein würfeln.
2. Speiseöl in einem großen Topf erhitzen. Knoblauch- und Zwiebelwürfel darin unter gelegentlichem Rühren andünsten. Zucchiniwürfel portionsweise hinzugeben und kurz mitdünsten lassen.
3. Gemüsebrühe und Kokosmilch hinzugießen, unter gelegentlichem Rühren zum Kochen bringen und zugedeckt etwa 5 Minuten bei schwacher Hitze kochen lassen.
4. In der Zwischenzeit Schafskäse in kleine Würfel schneiden. Schnittlauch abspülen und trocken tupfen. Einige Schnittlauchhalme zum Garnieren beiseitelegen. Restlichen Schnittlauch in Röllchen schneiden. Schafskäsewürfel, Schnittlauchröllchen und etwas Zitronengras kurz in der Suppe erhitzen.
5. Die Suppe mit Salz, Pfeffer und eventuell Zitronengras pikant abschmecken. Die Suppe in Suppentassen füllen, mit den beiseitegelegten Schnittlauchhalmen garnieren und heiß servieren.

Beilage: Warmes Fladenbrot oder Ciabatta.

Tipp: Zitronengras sollte stets mitgekocht werden, so entfaltet sich das asiatische Gewürz besser. Schafskäse ist meist salzig, deshalb die Suppe vorsichtig mit Salz würzen. Die Suppe eventuell mit etwas Limettensaft abschmecken.

Variante: Für eine Möhrensuppe mit Kokosmilch Zucchini durch die gleiche Menge Möhren ersetzen. Möhren putzen, schälen, abspülen, abtropfen lassen und in kleine Würfel schneiden. Dann die Suppe wie im Rezept beschrieben weiter zubereiten. Die Suppe eventuell mit Zitronensaft abschmecken.

ZUBEREITUNGSZEIT: 55 Minuten

GARZEIT: etwa 25 Minuten

PRO PORTION: E: 11 g, F: 19 g,
Kh: 27 g, kJ: 1366, kcal: 326,
BE: 2,0

FÜR 12 PORTIONEN:
ZUTATEN:
6 EL Sonnenblumenkerne
1 große Stange Porree (Lauch)
½ Knollensellerie (etwa 400 g)
4 Möhren
2 Zwiebeln
2 Knoblauchzehen
1,75 kg Kartoffeln
250 g getrocknete
Tomatenhälften in Öl

1 Bund Basilikum
3 EL Tomatenöl
(von den getrockneten Tomaten)
1,75–2,2 l Gemüsebrühe,
z. B. Instant
2 Lorbeerblätter
gemahlener Pfeffer
geriebene Muskatnuss
Salz
400 g Doppelrahm-Frischkäse

Kartoffel-Käsecreme-Suppe

Gut vorzubereiten – raffiniert – preiswert

1. Sonnenblumenkerne in einem großen Topf ohne Fett anrösten, herausnehmen und beiseitelegen. Porree putzen. Die Stange längs halbieren, gründlich waschen, abtropfen lassen und in dünne Streifen schneiden.
2. Sellerie und Möhren putzen, schälen, abspülen, abtropfen lassen und in Würfel schneiden. Zwiebeln und Knoblauch abziehen, ebenfalls in kleine Würfel schneiden. Kartoffeln schälen, abspülen, abtropfen lassen und in grobe Würfel schneiden.
3. Tomatenhälften abtropfen lassen, dabei das Öl auffangen und 3 Esslöffel abmessen. Tomatenhälften in Streifen schneiden. Basilikum abspülen und trocken tupfen. Die Blättchen von den Stängeln zupfen. Blättchen in feine Streifen schneiden, zu den Tomatenstreifen geben, untermischen und beiseitestellen.
4. Jeweils etwas von dem aufgefangenen Tomatenöl in dem großen Topf erhitzen. Porreestreifen, Sellerie-, Möhren-, Zwiebel-, Knoblauch- und Kartoffelwürfel darin portionsweise andünsten. Gemüsebrühe und Lorbeerblätter hinzugeben und mit Pfeffer, Muskat und wenig Salz (der später zugegebene Frischkäse enthält ebenfalls Salz) würzen.

5. Alles zum Kochen bringen und etwa 25 Minuten bei schwacher bis mittlerer Hitze kochen lassen. Lorbeerblätter entfernen.
6. Die Suppe mit einem Stabmixer fein pürieren. Frischkäse unterrühren und nochmals mit dem Stabmixer durchpürieren. Mit Pfeffer, etwas Salz und Muskat abschmecken.
7. Die Kartoffel-Käsecreme-Suppe mit der beiseitegestellten Tomaten-Basilikum-Mischung und den Sonnenblumenkernen anrichten.

Tipp: Falls die Suppe zu sämig wird (je nachdem wie stärkehaltig die Kartoffeln sind), einfach etwas mehr Gemüsebrühe hinzugießen. Wenn Speckfans mitessen, stellen Sie eine Extraschüssel mit gebratenen Speckwürfeln oder Cabanossi in feinen Scheiben bereit.

ZUBEREITUNGSZEIT: 45 Minuten

GARZEIT: 25–30 Minuten

PRO PORTION: E: 26 g, F: 33 g, Kh: 15 g, kJ: 1927, kcal: 461, BE: 1,0

FÜR 12 PORTIONEN:
ZUTATEN:
750 g festkochende Kartoffeln
3 l Gemüsebrühe
1,5 kg frisches Gemüse, z. B. Möhren, Kohlrabi, Blumenkohl, grüne Bohnen, Staudensellerie

6 Stangen Porree
2 Bund Petersilie
300 g Goudakäse am Stück
750 g Chorizo
(spanische Paprikawurst)
Salz
gemahlener Pfeffer

Gemüsesuppe
mit Chorizo

Schnell zuzubereiten – einfach

1. Kartoffeln waschen, schälen, abspülen, abtropfen lassen und in kleine Würfel schneiden. Brühe in einem großen Topf zum Kochen bringen. Kartoffelwürfel hinzufügen, wieder zum Kochen bringen und zugedeckt etwa 15 Minuten kochen lassen.
2. Möhren und Kohlrabi putzen, schälen, abspülen, abtropfen lassen und in Würfel schneiden. Von dem Blumenkohl die Blätter und schlechten Stellen entfernen. Blumenkohl in Röschen teilen, waschen und abtropfen lassen. Von den Bohnen die Enden abschneiden. Bohnen eventuell abfädeln, waschen, abtropfen lassen und in Stücke schneiden oder brechen.
3. Staudensellerie putzen und die harten Außenfäden abziehen. Selleriestangen waschen, abtropfen lassen und in Scheiben schneiden. Porree putzen, die Stangen längs halbieren, gründlich waschen, abtropfen lassen und ebenfalls in Streifen schneiden.
4. Das vorbereitete Gemüse (außer den Porreestreifen) zu den Kartoffelwürfeln in den Topf geben und wieder zum Kochen bringen. Die Suppe zugedeckt weitere 10–15 Minuten bei schwacher Hitze garen.

5. In der Zwischenzeit Petersilie abspülen und trocken tupfen. Die Blättchen von den Stängeln zupfen und klein schneiden. Käse fein reiben. Chorizo in Scheiben schneiden.
6. Etwa 5 Minuten vor Ende der Garzeit die Porreestreifen in die Suppe geben und mitgaren lassen. Etwa 1 Minute vor Ende der Garzeit die Chorizoscheiben hinzugeben und miterhitzen. Die Suppe mit Salz und Pfeffer abschmecken.
7. Die Suppe mit Petersilie bestreuen. Den geriebenen Käse dazureichen.

Tipp: Dazu ein kräftiges Brot oder Brötchen reichen.

ZUBEREITUNGSZEIT: 60 Minuten

GARZEIT: etwa 10 Minuten

PRO PORTION: E: 8 g, F: 8 g, Kh: 36 g, kJ: 1047, kcal: 250, BE: 3,0

FÜR 10 PORTIONEN:
ZUTATEN:
4 Zwiebeln
40 g Ingwer
1,6 kg Möhren
4 Stangen Porree
(Lauch, etwa 800 g)
4 rote Paprikaschoten (etwa 800 g)
800 g Knollensellerie
1,2 kg Chinakohl
200 g Glasnudeln
6 EL Speiseöl, z. B. Sesamöl

3 l Gemüsebrühe
400 g abgetropfte Bambussprossen (aus dem Glas)
10 TL Sojasauce
Salz
gemahlener Pfeffer
2 TL China-Gewürzzubereitung

Gemüsesuppe mit
Glasnudeln und Bambussprossen

Leichter Genuss

1. Zwiebeln abziehen und würfeln. Ingwer schälen und fein würfeln. Die Möhren schälen, putzen, abspülen, abtropfen lassen und dann schräg in dünne Scheiben schneiden. Porree putzen, die Stangen längs halbieren, gründlich waschen und abtropfen lassen. Den Porree in feine Streifen schneiden. Paprikaschoten halbieren, entstielen, entkernen und die weißen Scheidewände entfernen. Schoten abspülen, abtropfen lassen und in schmale Streifen schneiden.
2. Sellerie putzen, schälen, abspülen, abtropfen lassen und in Rauten schneiden. Dafür den Sellerie zuerst in dünne Scheiben schneiden, dann jede Scheibe schräg und längs in etwa 1 ½ cm breite Stücke schneiden.
3. Den Chinakohl putzen, abspülen, abtropfen lassen und in schmale Streifen schneiden.
4. Die Glasnudeln nach Packungsanleitung zubereiten und in mundgerechte Stücke schneiden.
5. Speiseöl in einem großen Topf erhitzen. Zwiebel- und Ingwerwürfel darin andünsten. Möhrenscheiben, Porree-, Paprikastreifen und Sellerierauten hinzufügen und mit andünsten. Die Brühe hinzugießen. Die Zutaten zum Kochen bringen und zugedeckt etwa 5 Minuten garen.

6. Chinakohlstreifen und Sprossen zur Suppe geben und alles weitere 3–5 Minuten garen, dabei gelegentlich umrühren. Die Glasnudeln unterrühren. Die Suppe vor dem Servieren mit Sojasauce, Salz, Pfeffer und China-Gewürzzubereitung abschmecken.

Tipp: Etwas schärfer wird die Gemüsesuppe mit 2–3 in dünne Ringe geschnittenen roten oder grünen Chilischoten, die ebenfalls kurz vor Ende der Garzeit dazugegeben werden. In der chinesischen Küche wird oftmals das Gemüse besonders geschnitten (ganz feine Streifen, Rauten, o. ä.). Wer dafür keine Zeit und Muße hat, schneidet für dieses Rezept das Gemüse gewöhnlich in mundgerechte Stücke, evtl. dann die Garzeit um etwa 2 Minuten verlängern.

ZUBEREITUNGSZEIT: 60 Minuten

GARZEIT: etwa 65 Minuten

PRO PORTION: E: 23 g, F: 17 g, Kh: 18 g, kJ: 1330, kcal: 317, BE: 1,5

FÜR 10 PORTIONEN:
ZUTATEN:
je 5 rote und grüne Paprikaschoten
4 Zwiebeln
5 EL Speiseöl
800 g Rindergehacktes
je 1 TL Chiliflocken, gemahlener Kardamom, gemahlener Kreuzkümmel (Cumin) gemahlener Ingwer

960 g geschälte Tomaten (aus der Dose)
400 g rote Kidneybohnen (aus der Dose)
3 EL Tomatenmark
Salz
Zucker

Chili con Carne

Partyklassiker

1. Die Paprikaschoten mit einem Sparschäler grob schälen. Schoten halbieren, entstielen, entkernen und die weißen Scheidewände entfernen. Schotenhälften abspülen, abtropfen lassen und in mundgerechte Streifen schneiden. Zwiebeln abziehen und in kleine Würfel schneiden.
2. Speiseöl in einem Topf erhitzen. Paprikastreifen darin etwa 4 Minuten unter Rühren anbraten, herausnehmen und auf einem Teller beiseitestellen.
3. Das Gehackte in dem verbliebenen Bratfett bei starker Hitze unter Rühren krümelig anbraten. Dabei die Fleischklümpchen mit einer Gabel zerdrücken. Die Gewürze hinzugeben und kurz mit anbraten. Zwiebelwürfel hinzufügen und glasig dünsten. Die geschälten Tomaten mit einem Messer in der Dose zerkleinern und mit der Flüssigkeit hinzugeben. Die Zutaten zum Kochen bringen und etwa 30 Minuten bei schwacher Hitze kochen lassen.
4. Kidneybohnen auf ein Sieb geben, mit kaltem Wasser abspülen und abtropfen lassen. Kidneybohnen zu dem Chili in den Topf geben und weitere etwa 20 Minuten bei schwacher Hitze kochen lassen.
5. Die vorbereiteten Paprikastreifen hinzugeben und weitere etwa 10 Minuten kochen lassen. Tomatenmark unterrühren. Chili mit Salz und 1 Prise Zucker abschmecken.

Beilage: Warmes Fladenbrot.

Tipp: Chili con Carne kann gut mit Crème fraîche und einigen Korianderblättchen serviert werden. Es kann 1–2 Tage vor dem Servieren zubereitet werden. Dann im Kühlschrank aufbewahren und vor dem Servieren bei schwacher Hitze erwärmen.

ZUBEREITUNGSZEIT: 45 Minuten

PRO PORTION: E: 20 g, F: 32 g, Kh: 37 g, kJ: 2176, kcal: 523, BE: 3,0

FÜR 8 PORTIONEN:

ZUTATEN:
2 Zwiebeln
1,4 kg mehligkochende Kartoffeln
4 EL Rapsöl
250 g TK-Suppengemüse
250 g TK-Erbsen
2 Lorbeerblätter
2 l Gemüsebrühe
Salz
gemahlener Pfeffer
geriebene Muskatnuss
2 EL gehackter Dill
2 EL Butter oder Margarine
700 g gebratene Fleischklößchen
(aus dem Kühlregal, ersatzweise
6 feine, frische Bratwürste,
etwa 600 g)
400 g Porree (Lauch)
350 g Doppelrahm-Frischkäse
1–2 EL gehackter Dill

Schwedische
Kartoffel-Köttbullar-
Suppe

Schmeckt Kindern

1. Zwiebeln abziehen und fein würfeln. Kartoffeln schälen, abspülen, abtropfen lassen und in 1 cm große Würfel schneiden.

2. Rapsöl in einem großen Topf erhitzen. Gefrorenes Suppengemüse und Zwiebelwürfel darin unter Wenden anbraten. Kartoffelwürfel, gefrorene Erbsen und Lorbeerblätter hinzugeben und kurz mit andünsten. Gemüsebrühe hinzugießen und zum Kochen bringen. Mit Salz, Pfeffer und Muskat würzen. Dill hinzugeben. Die Zutaten zugedeckt bei mittlerer Hitze etwa 12 Minuten kochen lassen.

3. In der Zwischenzeit Butter oder Margarine in einer Pfanne zerlassen. Die Fleischklößchen darin anbraten (bei Verwendung von TK-Klößchen auf die Herstellerangabe achten; Bratwurstbrät in kleinen Klößchen direkt aus der Haut drücken, etwa 3 Minuten braten).

4. Porree putzen, die Stangen längs halbieren, gründlich waschen und abtropfen lassen. Porree in feine Stücke schneiden und zu den Fleischklößchen in die Pfanne geben. Die Zutaten weitere etwa 4 Minuten braten, mit Salz, Pfeffer und Muskat würzen.

5. Lorbeerblätter entfernen. Kartoffeln in der Suppe mit einem Kartoffelstampfer so zerdrücken, dass noch kleine Stückchen erkennbar sind. Anschließend den Frischkäse unterrühren. Die Cremesuppe mit Salz, Pfeffer und Muskat abschmecken und in tiefen Tellern oder Suppentassen verteilen. Die Köttbullar-Porree-Mischung mit einem Löffel hineingeben. Suppe mit gehacktem Dill garnieren.

Tipp: Lecker schmeckt die Suppe statt mit angebratenen Porreeringen auch mit fertig gekauften Röstzwiebeln (aus der Dose).

Möchten Sie die Köttbullar selbst zubereiten, können Sie gewürztes Mett mit angefeuchteten Händen zu kleinen Klößchen formen und wie beschrieben braten. Haben Sie Zeit, bereiten Sie davon eine größere Menge zu und frieren Sie sie portionsweise ein. So haben Sie eine schnelle Reserve für das nächste Mal.

ZUBEREITUNGSZEIT: 40 Minuten

GARZEIT: etwa 15 Minuten

PRO PORTION: E: 7 g, F: 25 g,
Kh: 30 g, kJ: 1563, kcal: 374,
BE: 2,5

FÜR 8 PORTIONEN:
ZUTATEN:
FÜR DIE SUPPE:
2 Zwiebeln
2 rote Chilischoten
1,2 kg Möhren
2 kleine Stangen Porree (Lauch)
6 EL Olivenöl
800 ml Gemüsebrühe
800 ml Möhrensaft
2 Stängel Zitronenthymian
Salz

FÜR DIE CROÛTONS:
2 Baguettebrötchen vom Vortag
(etwa 200 g)
50 g Butter
8 Scheiben Bacon
(Frühstücksspeck, etwa 70 g)

200 g Schlagsahne
2 EL Zitronensaft
gemahlener Pfeffer
2 TL Butter
Thymianblättchen- und
Estragonstängel

Würzige Möhrensuppe

Einfach

1. Für die Suppe die Zwiebeln abziehen und in kleine Würfel schneiden. Chilischoten längs halbieren, entstielen und entkernen. Die Schotenhälften abspülen, trocken tupfen und klein schneiden. Möhren putzen, schälen, abspülen, abtropfen lassen und in 1 cm große Würfel schneiden. Porree putzen. Die Stangen längs halbieren, gründlich waschen, abtropfen lassen und in dünne Streifen schneiden.
2. Olivenöl in einem großen Topf erhitzen. Zwiebelwürfel, Chili, Möhrenwürfel und Porreestreifen darin gut andünsten. Brühe und Möhrensaft hinzugießen. Thymian abspülen, trocken tupfen und hinzufügen, mit Salz würzen. Die Zutaten zum Kochen bringen und zugedeckt etwa 15 Minuten bei schwacher Hitze köcheln lassen.
3. Inzwischen für die Croûtons Baguettebrötchen in etwa 1 cm kleine Würfel schneiden. Die Butter in einer Pfanne zerlassen. Brötchenwürfel hinzugeben und bei schwacher Hitze unter Rühren goldbraun rösten. Die Brötchenwürfel herausnehmen und auf einen Teller legen.

4. Die Frühstücksspeckscheiben in breite Streifen schneiden und in der erhitzten Pfanne ohne Fett goldbraun braten. Die Frühstücksspeckstreifen herausnehmen.
5. Die Thymianstängel aus der Suppe nehmen. Die Suppe grob pürieren. Sahne und Zitronensaft hinzufügen und unter Rühren kurz aufkochen lassen. Die Suppe mit Salz und Pfeffer abschmecken. Butter kurz unterrühren.
6. Die Suppe in Tellern verteilen und mit den Croûtons und Speckstreifen servieren. Suppe mit abgespülten, trocken getupften Thymianblättchen- und Estragonstängeln garnieren.

Tipp: Croûtons passen besonders gut zu Cremesuppen. Sie können auch auf Salate gestreut werden.
Sie können Croûtons auch auf Vorrat zubereiten. Die erkalteten Brotwürfel dann in einer gut schließenden Dose maximal 1 Woche aufbewahren.

ZUBEREITUNGSZEIT: 40 Minuten, ohne Einweichzeit

PRO PORTION: E: 17 g, F: 7 g, Kh: 12 g, kJ: 735, kcal: 176, BE: 1,0

FÜR 8 PORTIONEN:
ZUTATEN:
etwa 30 g getrocknete Mu-err-Pilze
2 Hähnchenbrustfilets (etwa 360 g)
100 g abgetropfte Bambusstreifen
(aus der Dose)
4 Möhren (etwa 460 g)
2 l Hühnerbrühe
4 EL Apfelessig
2 TL Sambal Oelek

2 EL süße Sojasauce
2 EL Sojasauce
4 gestr. TL Salz
4 gestr. EL Zucker
4 gestr. EL Speisestärke
4 Eier (Größe M)
2 EL Sesamöl

Exotisch

Suppe nach Peking-Art

1. Mu-err-Pilze nach Packungsanleitung einweichen. Hähnchenbrustfilet unter fließendem kalten Wasser abspülen, trocken tupfen und in sehr feine Streifen schneiden.
2. Die Bambusstreifen evtl. in kleine Stücke schneiden. Möhren putzen, schälen, abspülen, abtropfen lassen und in feine Stifte schneiden.
3. Mu-err-Pilze abtropfen lassen, evtl. harte Stellen abschneiden und die Pilze in feine Streifen schneiden.
4. Hühnerbrühe in einem großen Topf zum Kochen bringen. Hähnchenstreifen, Gemüse und Pilze dazugeben. Suppe zum Kochen bringen und etwa 3 Minuten kochen lassen.
5. Suppe mit Essig, Sambal Oelek, beiden Sojasaucen, Salz und Zucker abschmecken. Stärke mit 5 Esslöffeln Wasser verrühren und in die Suppe einrühren. Suppe nochmals kurz aufkochen lassen.
6. Eier verschlagen und in die noch kochende Suppe einrühren. Die Suppe mit Sesamöl servieren.

Tipp: Die Suppe können Sie bis einschließlich Punkt 5 gut vorbereiten, erkalten lassen und zugedeckt in den Kühlschrank stellen. Zum Servieren dann die Suppe nach Peking Art nochmals aufkochen lassen und wie ab Punkt 6 beschrieben weiter zubereiten und servieren.

ZUBEREITUNGSZEIT: 40 Minuten

PRO PORTION: E: 14 g, F: 33 g, Kh: 38 g, kJ: 2121, kcal: 512, BE: 3,0

FÜR 8 PORTIONEN:
ZUTATEN:
1 kg rote Paprikaschoten
2 große Zwiebeln
2 Knoblauchzehen
80 g Butter
60 g brauner Zucker
800 g passierte Tomaten (aus Dosen)
1,2 l Apfelsaft
800 ml Gemüsebrühe
Salz
gemahlener Pfeffer
1 gestr. TL mildes Currypulver
2 Prisen grob geschroteter Chili

FÜR DIE KÄSE-CROSTINI:
300 g weicher Edelpilzkäse ohne Rinde, z. B. Gorgonzola
gemahlener Pfeffer
2 Msp. abgeriebene Bio-Zitronenschale
10 Scheiben Vollkorn-Toast oder Weizenmischbrot

ZUM VERFEINERN:
300 g Crème fraîche

Paprika-Chili-Suppe
mit Käse-Crostini

Vegetarisch

1. Paprikaschoten halbieren, entstielen, entkernen und die weißen Scheidewände entfernen. Schotenhälften abspülen, abtropfen lassen und nach Belieben mit einem Sparschäler schälen. Schotenhälften grob würfeln. Zwiebeln und Knoblauch abziehen und in feine Würfel schneiden.
2. Butter in einem Topf zerlassen. Zwiebel- und Knoblauchwürfel hinzugeben und glasig dünsten. Zucker daraufstreuen und karamellisieren lassen.
3. Paprikawürfel hinzugeben und etwa 2 Minuten mit andünsten. Tomaten, Apfelsaft und Brühe hinzugießen und zum Kochen bringen. Mit Salz, Pfeffer, Curry und Chili würzen. Die Zutaten bei schwacher Hitze etwa 10 Minuten kochen lassen, anschließend pürieren.
4. In der Zwischenzeit für die Käse-Crostinis den Käse in eine kleine Schüssel geben, mit einer Gabel zerdrücken, dabei Pfeffer und Zitronenschale unterarbeiten und die Käsemischung beiseitestellen.

5. Die Paprika-Chili-Suppe mit Crème fraîche verfeinern und nochmals abschmecken.
6. Brotscheiben im Toaster goldbraun rösten. Sofort 2-mal diagonal durchschneiden und mit der Käsemischung bestreichen. Paprika-Chili-Suppe in tiefen Tellern verteilen und die Käse-Crostinis auf die Suppe oder an den Rand des Tellers legen.

Tipp: Für die Suppe können Sie auch bereits geröstete, rote Paprikahälften aus dem Glas verwenden. Die Paprikahälften abtropfen lassen, nur kurz anschmoren und dann im Suppenfond etwa 5 Minuten kochen lassen. Für Kinder die Crostinis mit mildem Frischkäse bestreichen.
Sehr gut zu der Suppe schmeckt frittierter Salbei. Dazu frische Salbeiblätter abspülen und trocken tupfen. 2 Esslöffel Olivenöl in einer kleinen Pfanne erhitzen. 1 Esslöffel Butter darin zerlassen. Die Salbeiblätter hinzugeben. knusprig ausbraten, herausnehmen und auf Küchenpapier abtropfen lassen.

ZUBEREITUNGSZEIT: 45 Minuten

GARZEIT: etwa 60 Minuten

PRO PORTION: E: 25 g, F: 12 g, Kh: 18 g, kJ: 1192, kcal: 284, BE: 1,5

FÜR 12 PORTIONEN:
ZUTATEN:
1 kg Zwiebeln
3 Knoblauchzehen
300 g Möhren
1,2 kg Rindfleisch am Stück für Gulasch
5 EL Speiseöl, z. B. Sonnenblumenöl
Salz
gemahlener Pfeffer
2 EL Paprikapulver edelsüß

1–2 EL Speiseöl, z. B. Sonnenblumenöl
2 gestr. TL gerebelter Thymian
2 Lorbeerblätter
2 EL Weizenmehl
2,5 l Fleischbrühe
315 g Champignons in Scheiben (aus dem Glas)
300 g TK-Erbsen
320 g Tomatenpaprika in Streifen (aus dem Glas)
300 g Tomaten-Ketchup

Lumpensuppe

Einfach

1. Zwiebeln und Knoblauch abziehen und in feine Würfel schneiden. Möhren putzen, schälen, abspülen, abtropfen lassen und in Würfel schneiden.

2. Rindfleisch unter fließendem kalten Wasser abspülen, trocken tupfen und in etwa 1 cm große Würfel schneiden. Etwas Speiseöl in einer großen Pfanne erhitzen und die Fleischwürfel portionsweise darin anbraten, mit Salz, Pfeffer und Paprikapulver würzen. Fleischwürfel aus der Pfanne nehmen.

3. Speiseöl in einem großen Topf erhitzen. Zwiebel-, Knoblauch-, und Möhrenwürfel darin andünsten. Thymian und Lorbeerblätter unterrühren. Gemüse mit Mehl bestäuben und kurz anrösten. Brühe nach und nach einrühren und zum Kochen bringen.

4. Fleischwürfel ebenfalls in den Topf geben und zugedeckt bei mittlerer Hitze etwa 45 Minuten köcheln lassen.

5. Champignons auf einem Sieb abtropfen lassen. Champignons, tiefgefrorene Erbsen und Tomatenpaprika mit der Flüssigkeit in die Suppe geben. Suppe wieder zum Kochen bringen und etwa 5 Minuten köcheln lassen.

6. Ketchup in die Suppe einrühren und die Suppe nochmals kurz aufkochen. Lorbeerblätter entfernen. Die Suppe mit Salz, Pfeffer und Paprikapulver abschmecken.

Beilage: Bauernbrot.

ZUBEREITUNGSZEIT: 45 Minuten, ohne Marinierzeit

GARZEIT: Auflauf 25–30 Minuten

PRO PORTION: E: 35 g, F: 17 g, Kh: 16 g, kJ: 1497, kcal: 359, BE: 1,0

FÜR 12 PORTIONEN:
ZUTATEN:
etwa 1 ½ kg Hähnchenbrustfilets

FÜR DIE MARINADE:
2 Bio-Limetten
2 EL Olivenöl
Salz
gemahlener Pfeffer

FÜR DAS GEMÜSE:
500 g Süßkartoffeln
1 Stück Ingwerwurzel
etwa 400 g Staudensellerie

1 Bund Frühlingszwiebeln
1 Ananas (etwa 500 g)
etwa 8 EL Olivenöl zum Braten

330 ml ungesüßte Kokosmilch
100 ml Wasser

ZUM BESTREICHEN:
250 g Speisequark (20 % Fett)
je 2 EL gehackte Minze oder Petersilie
1 Eigelb (Größe M)
1 Eiweiß (Größe M)
1 geh. EL Semmelbrösel
25 g gehackte, gesalzene Erdnusskerne

Karibischer Hähnchenauflauf

Etwas aufwändiger

1. Hähnchenbrustfilets kurz unter fließendem kalten Wasser abspülen, trocken tupfen und in eine flache Schale legen.
2. Für die Marinade Limetten heiß abwaschen, abtrocknen und die Schale abreiben. Limetten halbieren und den Saft auspressen. Limettenschale mit -saft und Olivenöl verrühren. Mit Salz und Pfeffer würzen. Die Hähnchenbrustfilets mit der Marinade übergießen und etwa 30 Minuten durchziehen lassen.
3. Für das Gemüse Kartoffeln schälen, abspülen, abtropfen lassen, in etwa 3 cm große Würfel oder Rauten schneiden. Ingwer schälen, klein würfeln und 2 Esslöffel abmessen. Sellerie putzen und die harten Außenfäden abziehen. Stangen waschen, abtropfen lassen und in etwa ½ cm dicke Scheiben schneiden. Frühlingszwiebeln putzen, waschen, abtropfen lassen, in etwa 3 cm lange Stücke schneiden. Von der Ananas Blatt- und Strunkende entfernen. Ananas schälen, den mittleren Strunk herausschneiden. Ananasfruchtfleisch in etwa 2 cm dicke Stücke schneiden.
4. Die Hähnchenbrustfilets aus der Marinade nehmen. Jeweils etwa 2 Esslöffel Olivenöl in einer großen Pfanne erhitzen. Die Hähnchenbrustfilets in 2 Portionen von beiden Seiten kurz anbraten, herausnehmen und auf eine Platte legen. Den Backofen vorheizen.

Ober-/Unterhitze etwa 200 °C
Heißluft etwa 180 °C

5. Wieder jeweils etwa 2 Esslöffel des Olivenöls in der Pfanne erhitzen. Die Süßkartoffelstücke darin in 2 Portionen 2–3 Minuten von allen Seiten bei mittlerer Hitze anbraten. Ingwerwürfel unter die Kartoffelstücke rühren. Selleriescheiben und Frühlingszwiebelstücke hinzugeben und mit den Kartoffelstücken weitere etwa 3 Minuten unter Wenden anbraten. Kokosmilch, Wasser und die übrig gebliebene Marinade hinzugießen und aufkochen lassen.
6. Die Gemüsemasse in eine große Auflaufform geben. Die Hähnchenbrustfilets in das Gemüse setzen. Eventuell den entstandenen Bratensaft hinzugießen. Mit Salz und Pfeffer würzen.
7. Zum Bestreichen Quark mit Minze oder Petersilie und Eigelb verrühren. Mit etwas Pfeffer würzen. Eiweiß mit etwas Salz steif schlagen. Eischnee mit Semmelbröseln und den Erdnusskernen unter die Quarkmasse heben. Die Quarkmasse auf die Hähnchenbrustfilets streichen. Die Form auf dem Rost in den vorgeheizten Backofen schieben. Den Hähnchenauflauf 25–30 **Minuten garen.**

Beilage: Basmatireis oder Stangenweißbrot.

ZUBEREITUNGSZEIT: 50 Minuten

GARZEIT: 15–20 Minuten je Form

PRO PORTION: E: 55 g, F: 52 g,
Kh: 9 g, kJ: 3088, kcal: 739, BE: 0,5

FÜR 12 PORTIONEN:
ZUTATEN:
etwa 100 ml Olivenöl
2 ½ kg Gyrosfleisch
etwa 6 EL Weinbrand
6 rote Paprikaschoten
500 g frische Champignons
150 g Tomatenmark
750 g Schmand (Sauerrahm)
400 g geriebener Käse,
z. B. Gouda, Emmentaler oder
Mozzarella

Gyros, überbacken

Mit Alkohol – gut vorzubereiten

1. Jeweils etwas Olivenöl in einer großen Pfanne erhitzen. Das Gyrosfleisch darin in mehreren Portionen kräftig anbraten und herausnehmen. Den Bratensatz mit Weinbrand ablöschen.

2. Paprikaschoten halbieren, entstielen, entkernen, weiße Scheidewände entfernen. Schotenhälften waschen, abtropfen lassen, in Streifen schneiden. Champignons putzen, mit Küchenpapier abreiben, eventuell abspülen, trocken tupfen und in Scheiben schneiden.

3. Paprikastreifen und Champignonscheiben portionsweise in dem Bratenfond andünsten. Tomatenmark mit Schmand verrühren, unter das angedünstete Gemüse heben und kurz aufkochen lassen.

4. Den Backofen vorheizen.
Ober-/Unterhitze etwa 180 °C
Heißluft etwa 160 °C

5. Das Gyrosfleisch mit der Gemüsemasse vermischen und in 2 große Auflaufformen oder in eine Fettpfanne geben. Käse daraufstreuen. Die Formen nacheinander (bei Heißluft zusammen) auf dem Rost oder die Fettpfanne in den vorgeheizten Backofen schieben. Gyrosfleisch mit dem Gemüse **15–20 Minuten je Form überbacken.**

Beilage: Fladenbrot mit Zaziki, Reis oder Kartoffel-Wedges.

ZUBEREITUNGSZEIT: 45 Minuten

GARZEIT: etwa 20 Minuten je Form

PRO PORTION: E: 39 g, F: 43 g, Kh: 48 g, kJ: 3119, kcal: 745, BE: 3,5

FÜR 12 PORTIONEN:
ZUTATEN:
750 g Möhren
600 g Champignons
3 TL Butter
500 g Schnellkoch-Vollkornreis
(Garzeit etwa 10 Minuten)
1,2 l Gemüsebrühe
1,8 kg Lachsfilet ohne Haut
und Gräten
Salz
gemahlener Pfeffer
600 g TK-Erbsen

FÜR DIE SAUCE:
3 Zwiebeln
2 Bund glatte Petersilie
3 EL Butter
3 TL mildes Currypulver
3 leicht geh. TL Weizenmehl
300 ml Milch
400 g Schlagsahne
Salz
gemahlener Pfeffer

FÜR DEN BELAG:
5 geh. EL (etwa 30 g) Kokosraspel
2 geh. EL (etwa 20 g) Semmelbrösel
etwa 100 g weiche Butter

Curry-Lachs-Auflauf

Für Gäste

1. Möhren putzen, schälen, abspülen, abtropfen lassen und in Stifte schneiden. Champignons putzen, mit Küchenpapier abreiben, eventuell abspülen, trocken tupfen und halbieren. Jeweils etwas Butter in einem großen Topf zerlassen. Möhrenstifte und Champignonhälften darin portionsweise unter Rühren andünsten. Reis hinzugeben. Brühe hinzugießen und zum Kochen bringen. Den Reis etwa 10 Minuten bei schwacher Hitze kochen lassen.

2. Den Backofen vorheizen.
Ober-/Unterhitze etwa 200 °C
Heißluft etwa 180 °C

3. Lachsfilets kurz unter fließendem kalten Wasser abspülen, trocken tupfen und in 12 Portionsstücke schneiden. Mit Salz und Pfeffer würzen. Lachsfiletstücke in 2 große Auflaufformen (leicht gefettet) legen. Die gefrorenen Erbsen unter die Reis-Gemüse-Masse heben und um den Lachs herum in den Formen verteilen.

4. Für die Sauce Zwiebeln abziehen, klein würfeln. Petersilie abspülen, trocken tupfen. Die Blättchen von den Stängeln zupfen, klein schneiden. Butter in einem Topf zerlassen. Zwiebelwürfel darin glasig dünsten. Curry und Mehl darüberstäuben, kurz andünsten. Milch und Sahne hinzugeben, unter Rühren kurz aufkochen lassen. Darauf achten, dass keine Klümpchen entstehen. Die Sauce mit Salz und Pfeffer abschmecken, Petersilie unterrühren. Die Sauce auf den Lachsstücken und der Reis-Gemüse-Masse verteilen.

5. Für den Belag Kokosraspel mit Semmelbröseln und Butter verkneten, in Flöckchen auf den Lachsstücken verteilen. Die Formen nacheinander (bei Heißluft zusammen) auf dem Rost in den vorgeheizten Backofen schieben. Den Auflauf **etwa 20 Minuten je Form garen.**

Tipp: Der Auflauf schmeckt auch mit anderem festen Fischfilet (z. B. Lengfisch, Pangasius, Seelachs) köstlich. Sie können auch eine helle Fertigsauce (Tetra Pak®) mit Curry und Petersilie verfeinern und zum Überbacken verwenden.

ZUBEREITUNGSZEIT: 40 Minuten

GARZEIT: etwa 45 Minuten je Form

PRO PORTION: E: 55 g, F: 36 g, Kh: 33 g, kJ: 2841, kcal: 677, BE: 2,5

FÜR 12 PORTIONEN:
ZUTATEN:
12 kleine Hähnchenkeulen (je etwa 275 g)
6 EL Mexiko-Gewürzmischung
6 EL Speiseöl, z. B. Sonnenblumenöl
1,6 kg Pizza-Tomaten (aus Dosen)
Salz
gemahlener Pfeffer

1 kg kleine, vorwiegend festkochende Kartoffeln
Salzwasser
400 g rosé Champignons
1,2 kg Chilibohnen (aus Dosen)
855 g Gemüsemais-Paprika-Mischung (Mexiko-Mix oder Mexikanische Gemüsemischung, aus Dosen)
400 g Schafskäse
einige Petersilienblättchen

Geflügelauflauf
„Mexicana"

Für Kinder – einfach

1. Den Backofen vorheizen.
Ober-/Unterhitze etwa 200 °C
Heißluft etwa 180 °C
2. Hähnchenkeulen kurz unter fließendem kalten Wasser abspülen und trocken tupfen. Gewürzmischung mit Speiseöl verrühren. Die Hähnchenkeulen damit bestreichen. Tomaten in 2 große Auflaufformen geben. Mit etwas Salz und Pfeffer würzen. Hähnchenkeulen darauf verteilen. Die Formen nacheinander (bei Heißluft zusammen) auf dem Rost in den vorgeheizten Backofen schieben. Die Hähnchenkeulen **etwa 30 Minuten je Form garen.**
3. Kartoffeln gründlich waschen, mit Salzwasser bedeckt zum Kochen bringen und zugedeckt etwa 20 Minuten garen. Champignons putzen, mit Küchenpapier abreiben, eventuell kurz abspülen, trocken tupfen. Große Champignons halbieren. Die garen Kartoffeln abgießen, abdämpfen, heiß pellen. Kartoffeln halbieren oder vierteln.

4. Die Formen aus dem Backofen nehmen. Gleichzeitig die **Backofentemperatur um etwa 20 °C erhöhen.** Die Hähnchenkeulen herausnehmen und kurz beiseitelegen. Chilibohnen, abgetropfte Mais-Paprika-Mischung, Champignons und Kartoffelstücke zu der Tomatenmasse in die Formen geben, untermischen. Mit etwas Salz würzen. Die beiseitegelegten Hähnchenkeulen darauflegen. Schafskäse fein zerbröseln, auf der Gemüsemischung in den Formen verteilen.
5. Die Formen wieder nacheinander (bei Heißluft zusammen) auf dem Rost in den heißen Backofen schieben. Den Auflauf **etwa 15 Minuten je Form überbacken.**
6. Petersilienblättchen abspülen und trocken tupfen. Gut die Hälfte der Blättchen klein schneiden. Den Geflügelauflauf jeweils mit Petersilie und Petersilienblättchen bestreuen.

Tipp: Die typische Mexiko-Gewürzmischung besteht z. B. aus folgenden Zutaten, die Sie sich natürlich auch selbst zusammenstellen können: Paprikapulver, Chili, Knoblauch, gemahlene Senfkörner, Cumin (Kreuzkümmel), Pfeffer, Lorbeerblätter.

ZUBEREITUNGSZEIT: 40 Minuten

GARZEIT: etwa 45 Minuten je Form

PRO PORTION: E: 47 g, F: 28 g,
Kh: 37 g, kJ: 2507, kcal: 600,
BE: 2,0

FÜR 12 PORTIONEN:
ZUTATEN:
1,2 kg Putenbrustschnitzel
6–9 TL Gyros-Gewürz
6 EL Speiseöl, z. B. Olivenöl
1 kg Paprikaschoten
(rot, gelb, grün)
3 Bund Frühlingszwiebeln
900 g Tomaten
Salz
gemahlener Pfeffer

FÜR DEN GUSS:
1,5 kg Joghurt
6 EL gemischte TK-Kräuter
9 Eier (Größe M)
3 Knoblauchzehen
12 Weizenfladen (Tortilla-Fladen,
aus dem Brotregal)
400 g geriebener Käse
(z. B. mittelalter Gouda)

etwas glatte Petersilie

Geflügelauflauf
Gyros-Art

Für Kinder – einfach

1. Putenbrustschnitzel kurz unter fließendem kalten Wasser abspülen, trocken tupfen und in Streifen schneiden. Fleischstreifen mit Gyros-Gewürz und 3 Esslöffeln Speiseöl verrühren.
2. Den Backofen vorheizen.
Ober-/Unterhitze etwa 200 °C
Heißluft etwa 180 °C
3. Paprikaschoten halbieren, entstielen, entkernen, weiße Scheidewände entfernen. Schoten waschen, abtropfen lassen und in Stücke schneiden. Frühlingszwiebeln putzen, waschen, abtropfen lassen, in Scheiben schneiden. Tomaten waschen, trocken tupfen, halbieren, Stängelansätze herausschneiden. Tomaten in dicke Scheiben schneiden.
4. Jeweils etwas von dem restlichen Speiseöl in einer großen Pfanne erhitzen. Die Fleischstreifen darin portionsweise etwa 2 Minuten von beiden Seiten kräftig anbraten und herausnehmen. Paprikastücke in dem verbliebenen Bratfett unter Rühren etwa 4 Minuten andünsten. Frühlingszwiebelscheiben hinzugeben und weitere etwa 4 Minuten dünsten. Fleischstreifen wieder hinzugeben. Mit Salz und Pfeffer würzen.

5. Für den Guss Joghurt mit Kräutern und Eiern verschlagen. Mit Salz und Pfeffer würzen. Knoblauch abziehen, durch eine Knoblauchpresse drücken und unterrühren. Etwas von dem Guss auf dem Boden von 2 möglichst runden Auflaufform (Ø etwa 26 cm) verteilen. Jeweils einen Weizenfladen daraufgeben. Abwechselnd die Gemüse-Fleisch-Mischung, den Guss und die Weizenfladen einschichten. Mit je einem Weizenfladen abschließen, mit Tomatenscheiben belegen und mit Käse bestreuen.
6. Die Formen nacheinander (bei Heißluft zusammen) auf dem Rost in den vorgeheizten Backofen schieben. Den Auflauf **etwa 45 Minuten je Form garen.**
7. Petersilie abspülen, trocken tupfen. Blättchen von den Stängeln zupfen. Den Auflauf mit Petersilie garniert servieren.

ZUBEREITUNGSZEIT: 45 Minuten

GARZEIT: etwa 60 Minuten je Form

PRO PORTION: E: 54 g, F: 33 g,
Kh: 22 g, kJ: 2503, kcal: 597,
BE: 1,5

FÜR 12 PORTIONEN:
ZUTATEN:
9 Zwiebeln
6 Knoblauchzehen
2 kg Lammgulasch,
z. B. aus der Keule
6 EL Olivenöl
Salz
gemahlener Pfeffer
Chilipulver

800 g stückige Tomaten
(aus Dosen)

750 g Paprikaschoten
(rot und grün)
700 g Zucchini
795 g Kichererbsen
(aus Dosen)

FÜR DEN GUSS:
9 Stängel frische Minze
6 Eier (Größe M)
450 g Joghurt

600 g Schafskäse

Arabischer Lammauflauf

Raffiniert – für Gäste

1. Zwiebeln und Knoblauch abziehen. Zwiebeln in Spalten und Knoblauch in kleine Würfel schneiden.
2. Den Backofen vorheizen.
Ober-/Unterhitze etwa 200 °C
Heißluft etwa 180 °C
3. Gulasch mit Küchenpapier trocken tupfen. Jeweils etwas Olivenöl in einem großen Bräter erhitzen. Gulasch darin portionsweise von allen Seiten kräftig anbraten. Zwiebelspalten und Knoblauchwürfel hinzugeben, kurz mit anbraten. Gulasch mit Salz, Pfeffer und Chili würzen, mit den stückigen Tomaten mischen und in 2 großen Auflaufformen verteilen.
4. Die Formen mit dem Deckel verschließen und nacheinander (bei Heißluft zusammen) auf dem Rost in den vorgeheizten Backofen schieben. Den Auflauf **etwa 30 Minuten je Form garen.**
5. Paprikaschoten halbieren, entstielen, entkernen und weiße Scheidewände entfernen. Schotenhälften waschen, abtropfen lassen, in Stücke schneiden. Zucchini waschen, abtrocknen und die Enden abschneiden. Zucchini in dicke Scheiben schneiden. Kichererbsen auf ein Sieb geben, mit kaltem Wasser abspülen, abtropfen lassen.

6. Für den Guss Minze abspülen, trocken tupfen. Blättchen von den Stängeln zupfen, in feine Streifen schneiden. Eier mit Joghurt verschlagen, Minze unterrühren. Mit Salz und Pfeffer würzen.
7. Jeweils die Hälfte der Paprikastücke, Zucchinischeiben und Kichererbsen mit dem Lammgulasch in den Auflaufformen mischen. Jeweils die Hälfte des Gusses darauf verteilen. Schafskäse fein zerbröseln und daraufstreuen.
8. Die Formen wieder nacheinander (bei Heißluft zusammen) auf dem Rost in den heißen Backofen schieben. Den Auflauf **bei gleicher Backofentemperatur weitere etwa 30 Minuten je Form goldbraun backen.**

ZUBEREITUNGSZEIT: 50 Minuten

GARZEIT: etwa 40 Minuten je Form

PRO PORTION: E: 44 g, F: 41 g, Kh: 27 g, kJ: 2733, kcal: 655, BE: 2,0

FÜR 10–12 PORTIONEN:
ZUTATEN:
1 ½ kg Schweinefilet
4 mittelgroße Zwiebeln (etwa 400 g)
500 g Champignons
8 EL Speiseöl, z. B. Sonnenblumenöl
Salz
gemahlener Pfeffer
800 g Eier-Spätzle (aus dem Kühlregal)

FÜR DEN KÄSE-SAHNE-GUSS:
200 g Kräuter-Schmelzkäse
400 g Schlagsahne
450 g Crème fraîche Kräuter
1 EL gehackte Petersilie
1 EL Schnittlauchröllchen

100 g geraspelter Käse, z. B. Emmentaler, Gouda oder Parmesan

evtl. 2 EL gehackte Kräuter

Schweinefilet
mit Spätzle

Raffiniert

1. Schweinefilet mit Küchenpapier trocken tupfen. Filet längs halbieren und in dünne Scheiben schneiden.
2. Zwiebeln abziehen, halbieren und in Würfel schneiden. Champignons putzen, mit Küchenpapier abreiben, eventuell abspülen, trocken tupfen und in Scheiben schneiden.
3. Die Fleischscheiben in 4 Portionen anbraten. Dafür jeweils etwa 1 ½ Esslöffel Speiseöl in einer großen Pfanne erhitzen. Die Fleischscheiben darin kurz von beiden Seiten anbraten, mit Salz und Pfeffer würzen, herausnehmen und auf einen Teller legen. Jeweils die Hälfte des restlichen Speiseöls in die Pfanne geben. Die Zwiebelwürfel und Champignonscheiben darin in 2 Portionen kurz anbraten. Mit Salz und Pfeffer würzen.
4. Die Spätzle aus den Packungen nehmen und in 2 Auflaufformen verteilen. Jeweils die Hälfte der Fleischscheiben daraufgeben und mit der Hälfte der Champignon-Zwiebel-Masse belegen.
5. Den Backofen vorheizen.
Ober-/Unterhitze etwa 200 °C
Heißluft etwa 180 °C

6. Für den Guss Schmelzkäse zuerst mit etwas von der Sahne verrühren, dann mit der restlichen Sahne und Crème fraîche glatt rühren. Mit Salz und Pfeffer würzen. Petersilie und Schnittlauchröllchen unterrühren. Jeweils die Hälfte der Käse-Sahne-Sauce in die Auflaufformen geben und mit Käse bestreuen.
7. Die Auflaufformen nacheinander (bei Heißluft zusammen) in den vorgeheizten Backofen schieben (untere Schiene). Schweinefilet mit Spätzle **etwa 40 Minuten je Form garen.**
8. Nach Belieben Schweinefilet mit Spätzle mit gehackten Kräutern bestreut servieren.

Beilage: Gemischter Blattsalat oder Tomatensalat.

ZUBEREITUNGSZEIT: 40 Minuten

GARZEIT: 12–15 Minuten je Form

PRO PORTION: E: 22 g, F: 35 g, Kh: 50 g, kJ: 1754, kcal: 608, BE: 4,0

FÜR 12 PORTIONEN:
ZUTATEN:
30 g getrocknete Steinpilze
1,8 kg Hokkaido-Kürbis
3 Knoblauchzehen
3 Zwiebeln
2–3 Stängel Rosmarin

6 EL Speiseöl, z. B. Olivenöl
Salz
gemahlener Pfeffer
450 g Schlagsahne
2–3 TL Instant-Gemüsebrühe

Salzwasser
1,2–1,5 kg fertige Gnocchi (aus dem Kühlregal)
3 EL (60 g) Butter

450 g Cocktailtomaten
450 g Kasseler-Aufschnitt am Stück
225 g Edelpilzkäse, z. B. Gorgonzola, Bavaria blue oder Cambozola
150 g frisch geriebener Parmesankäse

evtl. einige Stängel Rosmarin

Gnocchi-Kürbis-Auflauf

Einfach

1. Steinpilze auf ein Sieb geben, kurz abspülen und in warmem Wasser einweichen. Kürbis putzen, waschen, trocken tupfen, eventuell schälen, halbieren und die Kerne mit einem Löffel herauskratzen. Kürbisfleisch in kleine Würfel schneiden. Knoblauch und Zwiebeln abziehen, klein würfeln. Rosmarin abspülen und trocken tupfen. Die Nadeln von den Stängeln zupfen und klein schneiden.
2. Den Backofen vorheizen.
Ober-/Unterhitze etwa 200 °C
Heißluft etwa 180 °C
3. Speiseöl in einem großen Topf erhitzen. Zwiebel-, Knoblauchwürfel und Rosmarin darin andünsten. Kürbiswürfel portionsweise hinzugeben und kurz mitdünsten lassen. Mit Salz und Pfeffer würzen. Steinpilze mit der Einweichflüssigkeit und Sahne hinzugeben, Instant-Gemüsebrühe unterrühren. Die Zutaten zum Kochen bringen und etwa 7 Minuten bei schwacher Hitze kochen lassen, dabei gelegentlich umrühren.

4. In der Zwischenzeit Salzwasser in einem großen Topf zum Kochen bringen. Gnocchi darin nach Packungsanleitung kurz erhitzen. Gnocchi abgießen, gut abtropfen lassen und mit Butter in dem Topf schwenken.
5. Tomaten waschen, abtrocknen und halbieren. Kasseler in Streifen schneiden, mit Gnocchi und Tomatenhälften in 2 große Auflaufformen geben.
6. Edelpilzkäse eventuell entrinden, in kleine Würfel schneiden, unter die Kürbis-Steinpilz-Masse rühren und schmelzen lassen. Die Masse auf den Gnocchi in den Formen verteilen. Mit Parmesan-Käse bestreuen. Die Formen nacheinander (bei Heißluft zusammen) auf dem Rost in den vorgeheizten Backofen schieben. Den Auflauf **12–15 Minuten je Form garen.**
7. Nach Belieben Rosmarinstängel abspülen und trocken tupfen. Den Auflauf mit den Rosmarinstängeln garnieren.

ZUBEREITUNGSZEIT: 45 Minuten

GARZEIT: etwa 60 Minuten je Form

PRO PORTION: E: 34 g, F: 33 g, Kh: 36 g, kJ: 2480, kcal: 592, BE: 3,0

FÜR 12 PORTIONEN:
ZUTATEN:
600 g Schalotten
3 kg vorwiegend festkochende Kartoffeln
3 EL (60 g) Butter
9 Stängel frischer Thymian oder Majoran
Salz
gemahlener Pfeffer

FÜR DEN GUSS:
600 g Schlagsahne
750 ml Gemüsebrühe
3 TL abgeriebene Schale von 1 Bio-Zitrone

3 säuerliche Äpfel, z. B. Boskop
1,2 kg Schweinefilet
3 EL Butterschmalz
375 g milder Edelpilzkäse, z. B. junger Gorgonzola

Herbstlicher Auflauf
mit Schweinefilet

Für Gäste – raffiniert

1. Den Backofen vorheizen.
Ober-/Unterhitze etwa 200 °C
Heißluft etwa 180 °C

2. Schalotten abziehen, in Spalten schneiden. Kartoffeln schälen, abspülen und in Spalten schneiden. Butter in einer großen Pfanne zerlassen und Schalottenspalten darin anbraten.

3. Kräuter abspülen, trocken tupfen. Blättchen von den Stängeln zupfen. Kartoffelspalten und Kräuterblättchen portionsweise zu den Schalottenspalten geben, kurz mit andünsten. Mit Salz und Pfeffer würzen. Die Masse in 2 große Auflaufformen geben.

4. Für den Guss Sahne mit Brühe und Zitronenschale verrühren, mit Salz und Pfeffer würzen. Den Guss in den Auflaufformen verteilen. Die Formen nacheinander (bei Heißluft zusammen) auf dem Rost in den vorgeheizten Backofen schieben. Den Auflauf **etwa 35 Minuten je Form garen.**

5. Äpfel waschen, abtrocknen, halbieren, entkernen und in Spalten schneiden. Die Apfelspalten nach etwa 35 Minuten Garzeit jeweils vorsichtig unter den Auflauf mischen. Die Formen wieder nacheinander (bei Heißluft zusammen) auf dem Rost in den heißen Backofen schieben. Den Auflauf **bei gleicher Backofentemperatur weitere etwa 15 Minuten je Form garen.**

6. Schweinefilet trocken tupfen, in etwa 2 ½ cm dicke Scheiben schneiden. Butterschmalz in einer großen Pfanne erhitzen. Filetscheiben darin portionsweise von beiden Seiten kurz und kräftig anbraten. Mit Salz und Pfeffer würzen, herausnehmen und kurz ruhen lassen.

7. Die **Backofentemperatur um etwa 20 °C erhöhen.** Filetscheiben auf dem Auflauf verteilen. Käse in kleine Würfel schneiden und daraufstreuen. Die Formen wieder nacheinander (bei Heißluft zusammen) auf dem Rost in den heißen Backofen schieben. Den Auflauf **etwa 10 Minuten je Form überbacken.**

ZUBEREITUNGSZEIT: 30 Minuten, ohne Antauzeit

GARZEIT: etwa 40 Minuten je Form

PRO PORTION: E: 18 g, F: 30 g, Kh: 52 g, kJ: 2336, kcal: 558, BE: 4,0

FÜR 12 PORTIONEN:
ZUTATEN:
1 ½ kg TK-Kartoffel-Wedges (Kartoffelspalten)
600 g TK-Brechbohnen
530 g Kidney-Bohnen (aus der Dose)
570 g Gemüsemais (aus Dosen)
je 2 rote und grüne Paprikaschoten
Salz

FÜR DEN GUSS:
600 g Schlagsahne
600 ml Milch
8 Eier (Größe M)
Salz
gemahlener Pfeffer
2 gestr. TL Paprikapulver edelsüß
Cayennepfeffer

Texas Auflauf

Macht richtig satt – vegetarisch

1. Kartoffel-Wedges und Bohnen nach Packungsanleitung antauen lassen. Kidneybohnen auf ein Sieb geben, mit kaltem Wasser abspülen, gut abtropfen lassen. Mais ebenfalls abtropfen lassen. Paprikaschoten halbieren, entstielen, entkernen, weiße Scheidewände entfernen. Schoten waschen, trocken tupfen und in Würfel schneiden.
2. Wasser mit etwas Salz in einem Topf zum Kochen bringen. Paprikawürfel und Brechbohnen hinzufügen, zum Kochen bringen und 2–3 Minuten kochen lassen. Paprikawürfel und Brechbohnen auf ein Sieb geben, mit kaltem Wasser abschrecken, gut abtropfen lassen.
3. Den Backofen vorheizen.
Ober-/Unterhitze etwa 200 °C
Heißluft etwa 180 °C
4. Für den Guss Sahne mit Milch und Eiern verschlagen. Mit Salz, Pfeffer, Paprika und Cayennepfeffer würzen.
5. Kartoffel-Wedges mit Kidneybohnen, Mais, Brechbohnen und Paprikawürfeln vermischen, in eine Fettpfanne (gefettet) oder 2 Auflaufformen (gefettet) geben. Den Guss darauf verteilen. Die Fettpfanne in den vorgeheizten Backofen schieben. Oder die Formen nacheinander (bei Heißluft zusammen) auf dem Rost in den vorgeheizten Backofen schieben. Den Auflauf **etwa 40 Minuten je Form garen.**

Beilage: Grüner Salat und Graubrot oder Roggenbrötchen.

Abwandlung: Für einen Texanischen Hackfleischauflauf (12 Portionen) den Auflauf mit Gehacktem statt Kartoffel-Wedges zubereiten. Dafür 2 kg Rindergehacktes in etwa 6 Esslöffeln Olivenöl anbraten. 4 abgezogene, in Würfel geschnittene Zwiebeln mit anbraten. Mit Salz, Pfeffer und Chilipulver würzen. Abgetropfte Kidneybohnen, Mais sowie gekochte Brechbohnen und Paprikawürfel untermischen. Die Masse in eine Fettpfanne (gefettet) geben. Den Sahne-Eier-Guss darauf verteilen. Den Auflauf bei der im Rezept angegebenen Backofeneinstellung etwa 30 Minuten garen.

ZUBEREITUNGSZEIT: 20 Minuten

GARZEIT: 25–30 Minuten

PRO PORTION: E: 17 g, F: 33 g, Kh: 42 g, kJ: 2258, kcal: 540, BE: 3,5

FÜR 8 PORTIONEN:
ZUTATEN:
1 kg frische Ravioli mit Ricotta-Spinat-Füllung
Salz
4 Fleischtomaten
40 g Butter
2 Eier (Größe M)
300 g Schlagsahne
gemahlener Pfeffer
150 g geriebener Parmesan- oder Pecorinokäse
4 Kästchen Daikonkresse

Gratinierte
Ricotta-Spinat-Ravioli

Schnell gemacht

1. Ravioli in kochendem Salzwasser nach Packungsanleitung bissfest kochen. Ravioli auf ein Sieb geben, kurz mit kaltem Wasser abspülen und gut abtropfen lassen.

2. Tomaten abspülen, trocken tupfen, halbieren, entkernen und die Stängelansätze herausschneiden. Tomatenhälften anschließend in Würfel schneiden.

3. Den Backofen vorheizen.
Ober-/Unterhitze etwa 200 °C
Heißluft etwa 180 °C

4. Ravioli in zwei kleine oder eine große Auflaufform (mit Olivenöl gefettet) schichten. Dabei jeweils die einzelnen Schichten mit einigen Butterflöckchen belegen.

5. Eier mit Sahne verschlagen und die Ravioli damit übergießen. Tomatenwürfel darauf verteilen. Mit Salz und Pfeffer würzen und danach mit Käse bestreuen.

6. Die Formen oder Form auf dem Rost in den vorgeheizten Backofen schieben. Die Ravioli **25–30 Minuten garen.**

7. In der Zwischenzeit Daikonkresse abspülen, trocken tupfen und abschneiden.

8. Ravioli mit Daikonkresse bestreut servieren.

Tipp: Sie können auch anders gefüllte Ravioli oder Tortellini verwenden.

ZUBEREITUNGSZEIT: 75 Minuten

GARZEIT: etwa 20 Minuten je Backblech

PRO PORTION: E: 42 g, F: 28 g, Kh: 95 g, kJ: 3389, kcal: 805, BE: 8,0

FÜR 8–10 PORTIONEN:
ZUTATEN:
1 kg Mie-Nudeln
(asiatische Instant-Nudeln)

3 Zwiebeln
8 Knoblauchzehen
80 g Ingwer
1 kg Schweinerücken
(ohne Knochen)
1 Eiweiß (Größe M)

1 EL Speisestärke
2 EL Currypulver
4 rote Paprikaschoten
3 Bund Frühlingszwiebeln
800 g Mungobohnenkeimlinge

6 EL Speiseöl
12 EL Sojaöl
10 EL Sojasauce

Nudelauflauf

Raffiniert

„Chinesische Art"

1. Mie-Nudeln nach Packungsanleitung zubereiten. Die garen Nudeln auf ein Sieb geben und abtropfen lassen.
2. Zwiebeln und Knoblauch abziehen. Ingwer schälen, abspülen und trocken tupfen. Zwiebeln in kleine Würfel schneiden. Knoblauch und Ingwer in sehr kleine Würfel schneiden.
3. Schweinerücken unter fließendem kalten Wasser abspülen, trocken tupfen und in 1 x 1 ½ cm große Stücke schneiden.
4. Den Backofen vorheizen.
Ober-/Unterhitze etwa 180 °C
Heißluft etwa 160 °C
5. Eiweiß in einer großen Schüssel verschlagen. Speisestärke unterrühren. Fleischstücke, Zwiebelwürfel, Knoblauch-, Ingwerstücke und Curry hinzugeben. Die Zutaten mit der Eiweißmischung vermengen und beiseitestellen.
6. Paprikaschoten halbieren, entstielen, entkernen und die weißen Scheidewände entfernen. Schoten abspülen, abtropfen lassen und in Stücke schneiden. Frühlingszwiebeln putzen, abspülen, abtropfen lassen und in kleine Stücke schneiden. Mungobohnenkeimlinge auf ein Sieb geben, abspülen und abtropfen lassen.
7. Zwei Backbleche mit je 3 Esslöffeln Speiseöl bestreichen. Jeweils die Hälfte der Nudeln daraufgeben. Paprikastücke mit Mungobohnenkeimlingen mischen und auf den Nudeln verteilen.
8. Die Backbleche nacheinander (bei Heißluft zusammen) in den vorgeheizten Backofen schieben. Den Nudelauflauf **etwa 20 Minuten je Backblech garen.**
9. In der Zwischenzeit Sojaöl in einer großen Pfanne erhitzen. Die beiseitegestellte Fleischwürfel-Mischung darin portionsweise anbraten, mit den Frühlingszwiebelstücken vermengen, auf den Auflauf geben, untermischen und kurz durchziehen lassen. Den Auflauf mit Sojasauce würzen und sofort servieren.

ZUBEREITUNGSZEIT: 30 Minuten, ohne Abkühlzeit

GARZEIT: 40–50 Minuten

PRO PORTION: E: 14 g, F: 29 g, Kh: 44 g, kJ: 2065, kcal: 491, BE: 3,5

FÜR 8–10 PORTIONEN:
ZUTATEN:
4 Zwiebeln
80 g Butter
200 ml Milch
200 g Schlagsahne
6 Eigelb (Größe M)
Salz
gemahlener Pfeffer
2,4 kg Ravioli in Tomatensauce (aus der Dose)
150 g geriebener Greyerzer Käse
2 EL gehackte Kräuter, z. B. Petersilie, Schnittlauchröllchen

Auflauf von Ravioli

Schnell gemacht

1. Den Backofen vorheizen.
Ober-/Unterhitze etwa 200 °C
Heißluft etwa 180 °C
2. Zwiebeln abziehen und in kleine Würfel schneiden. Butter in einem Topf zerlassen und Zwiebelwürfel darin unter Rühren andünsten.
3. Milch und Sahne hinzugießen, unter Rühren aufkochen und etwa 5 Minuten bei schwacher Hitze einkochen lassen. Den Topf von der Kochstelle nehmen. Die Milchsahne etwa 5 Minuten abkühlen lassen.
4. Eigelb nach und nach unter die Milchsahne rühren. Mit Salz und Pfeffer würzen.
5. Ravioli in eine große Auflaufform (gefettet) geben, die Eier-Sahne-Milch darauf verteilen und mit Käse bestreuen. Die Form auf dem Rost in den vorgeheizten Backofen schieben. Den Auflauf **40–50 Minuten garen.**
6. Den Auflauf mit gehackten Kräutern bestreuen und sofort servieren.

Beilage: Gemischter Blattsalat.

Tipp: Sie können den Auflauf auch in mehreren kleinen Auflaufformen zubereiten. Wenn Sie die Sauce nicht selber machen möchten, können Sie auch ein Trockenfertigprodukt für Nudelaufläufe verwenden. Dafür die Sauce einfach nach Packungsanleitung zubereiten und auf dem Auflauf verteilen. Anstelle der frischen gehackten Kräuter schmecken auch TK-Kräuter.

ZUBEREITUNGSZEIT: 20 Minuten

GARZEIT: 18–25 Minuten

PRO PORTION: E: 11 g, F: 34 g, Kh: 25 g, kJ: 1870, kcal: 450, BE: 2,0

FÜR 8 PORTIONEN:
ZUTATEN:
2 kleine Bunde frischer Salbei
8 EL Butter (etwa 80 g)
1 kg gegarte Rote Bete (vakuumverpackt)
gemahlener Pfeffer
Salz
100–150 g milder Gorgonzola
150 g Schlagsahne

2 Beutel Kartoffelpüreepulver (für je 3 Portionen)
250 ml Milch
750 ml Wasser
150 g Walnusskernhälften

Rote-Bete-Auflauf

Einfach

1. Den Backofen vorheizen.
Ober-/Unterhitze etwa 220 °C
Heißluft etwa 200 °C
2. Salbei abspülen und trocken tupfen. Die Blättchen von den Stängeln zupfen. Butter in einer Pfanne zerlassen und die Salbeiblättchen darin bei mittlerer Hitze anbraten. Die Pfanne von der Kochstelle nehmen und vorsichtig beiseitestellen.
3. Rote Bete abtropfen lassen, in Viertel oder Achtel schneiden und in einer großen, flachen Auflaufform (gefettet) verteilen. Rote Bete mit Pfeffer und etwas Salz würzen. Einige angebratene Salbeiblättchen darauf verteilen. Den Käse in kleine Stücke teilen und daraufgeben. Die Sahne hinzugießen.
4. Die Form auf dem Rost in den vorgeheizten Backofen schieben. Rote Bete **8–10 Minuten vorgaren.**
5. In der Zwischenzeit das Kartoffelpüreepulver nach Packungsanleitung mit Milch und Wasser zubereiten. Die Hälfte der Salbeiblätter-Butter unter das Püree rühren, mit Salz und Pfeffer abschmecken.

6. Die Form auf einen Kuchenrost stellen. Kartoffelpüree in Klecksen auf den vorgegarten Rote-Bete-Stücken verteilen. Walnusskerne grob hacken und daraufstreuen. Die restliche Salbeiblätter-Butter darauf verteilen.
7. Die Form wieder in den heißen Backofen schieben. Den Auflauf **bei gleicher Backofentemperatur in 10–15 Minuten fertig garen.**

Tipp: Noch etwas schneller zubereitet und ebenso lecker ist dieser Auflauf, wenn Sie die Zutaten ohne gebratene Salbeiblättchen einschichten. Stattdessen evtl. etwa 1 Teelöffel gerebelten Rosmarin verwenden, er muss nicht angebraten werden. Den gerebelten Rosmarin mit der weichen Butter verrühren. Die Hälfte davon unter das Püree rühren. Restliche Butter vor dem Garen auf dem Auflauf verteilen.

ZUBEREITUNGSZEIT: 30 Minuten

GARZEIT: etwa 20 Minuten je Form

PRO PORTION: E: 40 g, F: 40 g,
Kh: 30 g, kJ: 2696, kcal: 643,
BE: 2,5

FÜR 8 PORTIONEN:
ZUTATEN:
300 g Zuckerschoten
2 Bund Frühlingszwiebeln
800 g Gehacktes, z. B. Rinder- oder
Lammgehacktes
6 EL TK-Zwiebel-Knoblauch-
Mischung
2 Eier (Größe M)
Salz
gemahlener Pfeffer
2 Msp. gemahlener Kreuzkümmel
(Cumin)
2 Msp. Currypulver
2 EL Olivenöl
800 g Tomatenstücke
(aus der Dose)
100 g getrocknete Pflaumen
(ohne Stein)
400 g Schafskäse, z. B. Fetakäse
480 g abgespülte, abgetropfte
Kichererbsen (aus der Dose)
100 g gehackte Erdnusskerne
(ungeröstet, ungesalzen)

Orientalischer Hackauflauf

Raffiniert

1. Von den Zuckerschoten die Enden abschneiden, evtl. abfädeln. Schoten abspülen, abtropfen lassen und halbieren. Frühlingszwiebeln putzen, abspülen, abtropfen lassen und in kleine Stücke schneiden.

2. Gehacktes mit der Zwiebel-Knoblauch-Mischung und den Eiern vermengen, mit Salz, Pfeffer, Cumin und Curry würzen. Aus der Hackfleischmasse mit angefeuchteten Händen 12–16 kleine, flache Steaks formen.

3. Den Backofen vorheizen.
Ober-/Unterhitze etwa 200 °C
Heißluft etwa 180 °C

4. Olivenöl in einer großen Pfanne erhitzen. Zuckerschoten darin kurz unter Wenden anbraten und herausnehmen. Hacksteaks in die Pfanne geben und von beiden Seiten gut anbraten. Frühlingszwiebelstücke hinzugeben und kurz mitbraten lassen. Hacksteaks aus der Pfanne nehmen. Tomatenstücke in die Pfanne geben und unter die Frühlingszwiebeln rühren, mit Salz und Pfeffer würzen und kurz aufkochen.

5. Pflaumen in Streifen schneiden. Käse fein zerbröseln. Hacksteaks, Zuckerschoten, Kichererbsen und Pflaumenstreifen in flache Auflaufformen (gefettet) schichten. Die Tomatensauce darauf verteilen und mit Käse und Erdnüssen bestreuen.

6. Die Formen nacheinander (bei Heißluft zusammen) auf dem Rost in den vorgeheizten Backofen schieben. Den Auflauf **etwa 20 Minuten je Form garen.**

Tipp: Statt mit Erdnüssen kann der Auflauf mit Sesamsamen bestreut werden.

ZUBEREITUNGSZEIT: 35 Minuten

GARZEIT: 25–30 Minuten

PRO PORTION: E: 27 g, F: 40 g, Kh: 19 g, kJ: 2272, kcal: 543, BE: 1,5

FÜR 8 PORTIONEN:
ZUTATEN:
1 ½ kg Hokkaido-Kürbis
2 Bund Frühlingszwiebeln
4 Knoblauchzehen
80 g getrocknete Tomaten, in Öl
160 g Chorizo (spanische Knoblauch-Paprika-Wurst)
Salz
gemahlener Pfeffer
je 2 Prisen gemahlener Kreuzkümmel (Cumin), Kardamom und Zimt

350 g Frischkäse mit Joghurt (13 % Fett)
500 ml Milch
6 Eier (Größe M)
2 TL gerebelter Rosmarin
200 g junger Manchegokäse

Würzig

Kürbis-Chorizo-
Auflauf

1. Kürbis abspülen, abtrocknen und halbieren. Kerne und faserigen Innenteil entfernen. Kürbishälften in feine, etwa 1 cm breite Spalten schneiden und evtl. schälen. Frühlingszwiebeln putzen, abspülen, abtropfen lassen und in 2 cm lange Stücke schneiden. Knoblauch abziehen und fein würfeln.
2. Tomaten auf einem Sieb abtropfen lassen, dabei das Öl auffangen und 6 Esslöffel abmessen. Die Tomaten in Streifen schneiden. Evtl. die Haut (Pelle) von der Chorizo entfernen. Wurst in dünne Scheiben schneiden.
3. Den Backofen vorheizen.
Ober-/Unterhitze etwa 200 °C
Heißluft etwa 180 °C
4. Die Hälfte des aufgefangenen Tomatenöls in einer großen Pfanne erhitzen. Die Kürbisspalten darin in 2 Portionen etwa 5 Minuten unter Wenden anbraten. Die Frühlingszwiebelstücke und Knoblauchwürfel hinzugeben und kurz mit anbraten. Mit Salz, Pfeffer, Cumin, Kardamom und Zimt würzen.

5. Die Kürbis-Frühlingszwiebel-Mischung mit Tomatenstreifen und Chorizo-Scheiben in eine oder zwei große, flache Auflaufformen (gefettet) geben und vermischen. Frischkäse mit Milch und Eiern verschlagen und mit Salz, Pfeffer und Rosmarin würzen. Die Frischkäse-Eier-Milch gleichmäßig auf dem Auflauf verteilen. Den Käse grob raspeln und daraufstreuen.
6. Die Form oder Formen auf dem Rost in den vorgeheizten Backofen schieben. Den Auflauf **25–30 Minuten garen.**

Tipp: Servieren Sie zum Auflauf knuspriges Fladenbrot. Oder geben Sie zusätzlich 960 g abgetropfte Kichererbsen (aus der Dose) unter Punkt 5 mit in die Auflaufform. Statt der Gewürze Cumin (Kreuzkümmel), Kardamom und Zimt können Sie den Auflauf auch mit einer fertigen Tex-Mex-Gewürzmischung würzen.

ZUBEREITUNGSZEIT: 15 Minuten, ohne Auftauzeit

GARZEIT: etwa 30 Minuten

PRO PORTION: E: 23 g, F: 48 g, Kh: 59 g, kJ: 3204, kcal: 765, BE: 5,0

FÜR 8 PORTIONEN:
ZUTATEN:
400 g TK-Erbsen
4 Tomaten (etwa 200 g)
6 Scheiben Frühstücksspeck (Bacon, etwa 60 g)
8 EL Olivenöl
1 kg frische Tortellini (aus dem Kühlregal)
200 ml Milch
400 g Schlagsahne
8 EL rotes Pesto (aus dem Glas)
Salz
gemahlener Pfeffer
100 g geriebener Parmesankäse

Tortellini-Auflauf
mit Pesto

Schnell gemacht

1. TK-Erbsen nach Packungsanleitung auftauen lassen.
2. In der Zwischenzeit Tomaten abspülen, abtrocknen, halbieren und die Stängelansätze herausschneiden. Tomaten entkernen und würfeln.
3. Frühstücksspeck in grobe Stücke schneiden. Die Speckstücke in einer heißen, großen Pfanne ohne Fett knusprig braten und herausnehmen.
4. Olivenöl in der Pfanne erhitzen. Die Erbsen darin kurz andünsten. Tomatenwürfel hinzugeben und kurz mitdünsten lassen.
5. Die Tortellini nach Packungsanleitung zubereiten. Anschließend auf einem Sieb abtropfen lassen. Tortellini in eine Auflaufform (gefettet) geben. Die Erbsen-Tomaten-Mischung und etwa die Hälfte der Speckstücke hinzugeben und unterrühren.
6. Den Backofen vorheizen.
Ober-/Unterhitze etwa 200 °C
Heißluft etwa 180 °C

7. Milch mit Sahne und 2 Esslöffeln Pesto verrühren, mit Salz und Pfeffer würzen. Die Pestosahne auf der Tortellini-Mischung verteilen. Restliches Pesto in Klecksen daraufgeben. Mit Parmesan bestreuen.
8. Die Form auf dem Rost im unteren Drittel in den vorgeheizten Backofen schieben. Den Auflauf **etwa 30 Minuten garen.**
9. Zum Servieren den Tortellini-Auflauf mit den restlichen Speckscheiben garnieren.

Tipp: Das rote Pesto kann durch grünes Pesto ersetzt werden.

ZUBEREITUNGSZEIT: 30 Minuten

ÜBERBACKZEIT: 15–20 Minuten

PRO PORTION: E: 23 g, F: 38 g, Kh: 38 g, kJ: 2431, kcal: 581, BE: 3,0

FÜR 8 PORTIONEN:
ZUTATEN:
4 Beutel Kartoffelpüree
(für je 3 Portionen, entspricht 2 l Flüssigkeit)
2 Bund Frühlingszwiebeln
800 g Schinken-Fleischwurst
50 g Butter oder Margarine
Salz
gemahlener Pfeffer
200 g geriebener Käse,
z. B. mittelalter Gouda

Kartoffel-Wurst-Auflauf

Preiswert

1. Den Backofen vorheizen.
Ober-/Unterhitze etwa 220 °C
Heißluft etwa 200 °C
2. Das Kartoffelpüree nach Packungsanleitung zubereiten.
3. In der Zwischenzeit Frühlingszwiebeln putzen, abspülen, abtropfen lassen und in Scheiben schneiden. Einige Scheiben beiseitelegen. Von der Wurst die Pelle abziehen. Wurst in grobe Würfel schneiden.
4. Butter oder Margarine in einer großen Pfanne zerlassen. Wurstwürfel und Frühlingszwiebelscheiben darin von allen Seiten anbraten, herausnehmen und unter das Püree heben. Püree mit Salz und Pfeffer würzen.
5. Das Püree in eine große, flache Auflaufform (gefettet) füllen und mit Käse bestreuen.
6. Die Form auf dem Rost in den vorgeheizten Backofen schieben. Den Kartoffel-Wurst-Auflauf **15–20 Minuten backen,** bis der Käse zerlaufen und leicht gebräunt ist.
7. Den Kartoffel-Wurst-Auflauf aus dem Backofen nehmen. Mit den beiseitegelegten Frühlingszwiebelscheiben garnieren und sofort servieren.

Tipp: Dazu schmeckt ein Tomatensalat sehr gut.

ZUBEREITUNGSZEIT: 45 Minuten

GARZEIT: 25–30 Minuten

PRO PORTION: E: 22 g, F: 33 g,
Kh: 41 g, kJ: 2318, kcal: 554,
BE: 3,5

FÜR 8 PORTIONEN:
ZUTATEN:
4 l Wasser
4 gestr. TL Salz
250 g reisförmige Nudeln, z. B.
griechische Nudeln
120 g getrocknete Tomaten, in Öl
400 g Tomaten
880 g abgetropfte, grüne Bohnen
(aus der Dose)
500 g abgetropfte, weiße Riesen-
bohnenkerne (aus der Dose)

160 g schwarze Oliven (mit Stein)
2–4 Knoblauchzehen
2 Eier (Größe M)
300 g Crème fraîche
Salz
gemahlener Pfeffer
4 EL gehackte Petersilie
300–400 g Fetakäse
2 TL gerebelter Rosmarin
1 Zweig frischer Rosmarin

Griechischer Gemüseauflauf

Mediterraner Genuss

1. Wasser in einem großen Topf zugedeckt zum Kochen bringen. Dann Salz und Nudeln hinzugeben. Die Nudeln im geöffneten Topf bei mittlerer Hitze nach Packungsanleitung etwa 7 Minuten vorgaren, dabei gelegentlich umrühren. Dann die Nudeln auf ein Sieb geben, mit kaltem Wasser abspülen und abtropfen lassen.

2. In der Zwischenzeit den Backofen vorheizen.
Ober-/Unterhitze etwa 220 °C
Heißluft etwa 200 °C

3. Getrocknete Tomaten abtropfen lassen und in feine Streifen schneiden. Frische Tomaten abspülen, trocken tupfen, halbieren und die Stängelansätze herausschneiden. Tomatenhälften in Scheiben schneiden.

4. Grüne Bohnen, weiße Bohnen, getrocknete Tomaten-streifen, Tomatenscheiben, Nudeln und Oliven in zwei kleinen oder einer großen, flachen Auflaufform (gefettet) verteilen und vorsichtig vermischen.

5. Knoblauch abziehen und durch eine Knoblauchpresse drücken. Eier mit Crème fraîche und Knoblauch verrühren, mit Salz, Pfeffer und Petersilie würzen. Die Eier-Crème-fraîche-Masse gleichmäßig auf die Gemüsemischung geben. Käse evtl. abtropfen lassen, fein zerbröseln, mit Rosmarin vermischen und auf dem Auflauf verteilen.

6. Die Form oder Formen auf dem Rost in den vorgeheizten Backofen schieben. Den Auflauf **25–30 Minuten garen.**

7. Rosmarin abspülen und trocken tupfen. Die Nadeln von dem Stängel zupfen. Auflauf auf einen Rost stellen und mit Rosmarinnadeln garnieren.

Tipp: Oliven mit Stein schmecken meist aromatischer als entsteinte.

ZUBEREITUNGSZEIT: 40 Minuten, ohne Durchziehzeit

GARZEIT: etwa 5 Minuten und 30 Minuten Garziehzeit

PRO PORTION: E: 39 g, F: 8 g, Kh: 14 g, kJ: 1398, kcal: 334, BE: 1,0

FÜR 12 PORTIONEN:
ZUTATEN:
12 Schweineschnitzel (je 160–180 g)

FÜR DIE MARINADE:
1 Bio-Zitrone
3 EL flüssiger Honig
1 ½ TL grobes Salz
gemahlener, schwarzer Pfeffer
½ TL Chilipulver
1 Msp. Sambal Oelek
6 EL Olivenöl

2 EL gehackte Petersilie
2 EL Schnittlauchröllchen
1 EL gehackter Thymian, z. B. Zitronenthymian
1 Bund Frühlingszwiebeln
3 Fenchelknollen (etwa 500 g)
250 ml Curryketchup
1 Flasche (0,75 ml) Champagner oder Sekt

Champagner-Fleisch

Mit Alkohol

1. Schweineschnitzel trocken tupfen und quer halbieren. Für die Marinade Zitrone heiß abwaschen, abtrocknen, Schale abreiben. Zitrone halbieren, den Saft auspressen. Honig mit Zitronenschale, -saft, Salz, Pfeffer, Chili und Sambal Oelek verrühren. Olivenöl unterschlagen. Kräuter unterrühren.
2. Frühlingszwiebeln putzen, waschen, abtropfen lassen und in etwa 1 cm dicke Scheiben schneiden. Fenchelknollen putzen, braune Stellen und Blätter entfernen. Fenchelgrün beiseitelegen (kühl legen). Knollen waschen, abtropfen lassen, halbieren, zuerst in dünne Scheiben, dann in Streifen schneiden.
3. Ein Drittel der Marinade in einem Bräter verteilen. Ein Drittel der Schnitzel darauflegen, mit etwas Marinade bestreichen. Einige Frühlingszwiebelscheiben und Fenchel-streifen darauf verteilen. Wieder ein Drittel der Schnitzel darauflegen, mit etwas Marinade bestreichen. Mit einigen Frühlingszwiebelscheiben und Fenchelstreifen belegen. So weiter verfahren, bis alle Zutaten aufgebraucht sind. Die letzte Schicht sollte aus Frühlingszwiebelscheiben und Fenchelstreifen bestehen.

4. Die eingeschichteten Zutaten zuerst mit Ketchup und dann mit Champagner oder Sekt übergießen. Das Champagner-Fleisch zugedeckt etwa 5 Stunden im Kühlschrank durchziehen lassen.
5. Das marinierte Champagner-Fleisch in dem Bräter bei mittlerer Hitze zum Kochen bringen, einmal umrühren und etwa 5 Minuten kochen lassen. Den Bräter von der Kochstelle nehmen. Champagner-Fleisch weitere etwa 30 Minuten gar ziehen lassen. Den Sud mit Salz, Pfeffer und Chili abschmecken.
6. Beiseitegelegtes Fenchelgrün waschen, trocken tupfen und klein schneiden. Champagner-Fleisch mit Fenchelgrün bestreuen.

Beilage: Fettuccine (breite, kurze Bandnudeln), frische Pellkartoffeln oder ofenfrisches Baguette.

ZUBEREITUNGSZEIT: 50 Minuten

GARZEIT: etwa 4 Stunden

PRO PORTION: E: 56 g, F: 20 g, Kh: 6 g, kJ: 1811, kcal: 433, BE: 0,5

FÜR 12 PORTIONEN:
ZUTATEN:
2 Putenbrüste (je etwa 1 ¼ kg)
3 EL Gyros-Gewürz
1 Weißkohl (etwa 1 ½ kg)
300 g Fetakäse
15 EL Olivenöl
3 Zwiebeln
3 Knoblauchzehen

750 ml Hühnerbrühe
150 ml Weißweinessig
Salz
gemahlener Pfeffer
Zucker
evtl. etwas Speisestärke

einige Petersilienzweige

AUSSERDEM:
Küchengarn

Raffiniert

Griechischer
Putenrollbraten

1. Den Backofen bei Ober-/Unterhitze auf 80 °C vorheizen. Putenbrüste kurz unter fließendem kalten Wasser abspülen, trocken tupfen. Jeweils mit einem großen, scharfen Messer der Länge nach in der Mitte aufschneiden, aber nicht ganz durchschneiden. Putenbrüste jeweils auseinanderklappen und mit Gyros-Gewürz würzen.

2. Von dem Weißkohl die äußeren Blätter entfernen, Strunk herausschneiden. Einige Blätter lösen und auf die auseinandergeklappten Putenbrüste legen. Fetakäse grob zerkleinern, darauf verteilen und jeweils aufrollen. Mit Küchengarn fest umwickeln.

3. Die Hälfte des Olivenöls in einem großen Bräter erhitzen. Die Rollbraten darin eventuell in 2 Portionen etwa 10 Minuten von allen Seiten anbraten. Zwiebeln und Knoblauch abziehen, in kleine Würfel schneiden, zu den Putenrollbraten geben und mit anbraten. Hühnerbrühe hinzugießen, zum Kochen bringen. Den Bräter auf dem Rost in den vorgeheizten Backofen schieben (untere Schiene). Die Putenrollbraten **etwa 4 Stunden garen,** dabei zwischendurch 2–3-mal wenden.

4. In der Zwischenzeit restlichen Weißkohl in schmale Streifen schneiden und in eine Schüssel geben. Essig, restliches Olivenöl, Salz, Pfeffer und Zucker hinzugeben. Den Weißkohl kräftig durchkneten und abschmecken. Den Weißkohlsalat kalt stellen.

5. Die garen Putenrollbraten aus dem Bräter nehmen, Küchengarn entfernen. Putenrollbraten in Scheiben schneiden, auf eine vorgewärmte Platte legen und warm stellen. Den Bratensud zum Kochen bringen. Speisestärke mit etwas Wasser anrühren, in den Bratensud rühren und unter Rühren aufkochen lassen. Mit Salz und Pfeffer abschmecken.

6. Die Putenrollbraten mit abgespülten und trocken getupften Petersilienzweigen garnieren. Krautsalat und Sauce dazureichen.

Beilage: Ofenfrisches Fladenbrot.

ZUBEREITUNGSZEIT: 40 Minuten, ohne Durchziehzeit

GARZEIT: etwa 3 Stunden

PRO PORTION: E: 55 g, F: 30 g, Kh: 3 g, kJ: 2165, kcal: 518, BE: 0,0

FÜR 12 PORTIONEN:
ZUTATEN:
3 kg Schweinefleisch
(Nacken, ohne Knochen)
Salz
gemahlener Pfeffer
Paprikapulver edelsüß
4–5 EL Weinbrand oder Rum
3 Gemüsezwiebeln
1 rote Chilischote
250 g Frühstücksspeck (Bacon)
in Scheiben

AUSSERDEM:
2–3 Schaschlikspieße
evtl. Küchengarn

Gefüllter Nackenbraten

Mit Alkohol

1. Schweinefleisch mit Küchenpapier trocken tupfen. Das Schweinefleisch in gleichmäßigen Abständen mit einem scharfen Messer etwa 5 cm tief einschneiden, jedoch nicht durchschneiden, sodass Scheiben entstehen.
2. Das Fleisch kräftig mit Salz, Pfeffer und Paprika würzen. Mit Weinbrand oder Rum beträufeln.
3. Gemüsezwiebeln abziehen, halbieren und in etwa 1 cm dicke Scheiben schneiden. Chilischote waschen, abtrocknen, halbieren, entkernen und in kleine Würfel schneiden. Die Zwiebelscheiben mit Chiliwürfeln bestreuen. Die Zwiebelscheiben mit je 1 Scheibe Frühstücksspeck umwickeln und senkrecht in die Fleischeinschnitte stecken. Das Fleisch nochmals mit Salz, Pfeffer und Paprika würzen. Nach Belieben nochmals mit Weinbrand oder Rum beträufeln. Das Fleisch mit Schaschlikspießen zusammenstecken oder mit Küchengarn fest umwickeln.
4. Den gefüllten Nackenbraten in einen Bräter legen und mit dem Deckel verschließen. Das Fleisch kalt gestellt über Nacht durchziehen lassen.

5. Den Backofen vorheizen.
Ober-/Unterhitze etwa 200 °C
Heißluft etwa 180 °C
6. Den Bräter mit Deckel auf dem Rost in den vorgeheizten Backofen schieben. Das Fleisch **etwa 3 Stunden garen.**

Beilage: Kartoffelgratin, Bohnensalat, Paprikasalat.

Tipp: Zum Würzen eine fertige Barbecue-Gewürzmischung verwenden. Das Fleisch mit Zwiebel- und Käsescheiben, z. B. Gouda füllen.

ZUBEREITUNGSZEIT: 40 Minuten

GARZEIT: etwa 3 Stunden

PRO PORTION: E: 57 g, F: 61 g, Kh: 25 g, kJ: 3675, kcal: 878, BE: 1,5

FÜR 12 PORTIONEN:
ZUTATEN:
6 Gänsebrüste mit Haut
(je etwa 1 kg)
Salz
gemahlener Pfeffer

6 Zwiebeln
1,2 l Geflügelfond
15 Gewürznelken
3 TL Beifuß

3 Bund Frühlingszwiebeln
12 rote Äpfel
120 g Butter
6 EL brauner Zucker (Rohrzucker)
gemahlener Zimt
9 EL Schlagsahne

einige Zweige Rosmarin

Gänsebrust
mit Apfelspalten

Raffiniert

1. Den Backofen bei Ober-/Unterhitze auf 80 °C vorheizen. Gänsebrüste unter fließendem kalten Wasser abspülen, trocken tupfen. Das Fleisch von den Knochen lösen. Den äußeren Fettrand etwa 1 cm breit abschneiden. Die Haut der Gänsebrüste 2–3-mal etwa ½ cm tief einschneiden. Gänsebrüste mit Salz und Pfeffer würzen.
2. Je 2 Gänsebrüste mit der Hautseite nach unten in einer großen Pfanne etwa 10 Minuten anbraten, dann die Gänsebrüste wenden und die zweite Seite etwa 5 Minuten anbraten. Angesammeltes Fett jeweils abgießen.
3. Zwiebeln abziehen, in kleine Würfel schneiden, portionsweise zu den Gänsebrüsten in die Pfanne geben und kurz andünsten. Jeweils mit etwas Geflügelfond ablösen, zum Kochen bringen. Gänsebrüste herausnehmen und mit der Hautseite nach oben in eine Fettpfanne legen. Geflügelfond hinzugießen. Nelken und Beifuß hinzufügen. Die Fettpfanne in den vorgeheizten Backofen schieben (untere Schiene). Die Gänsebrüste **etwa 3 Stunden garen.**
4. Etwa 30 Minuten vor Ende der Garzeit Frühlingszwiebeln putzen, waschen, abtropfen lassen und in dünne Scheiben schneiden. Äpfel waschen, vierteln, entkernen und nochmals durchschneiden. Butter in einer Pfanne erhitzen. Apfelspalten hinzugeben, mit Zucker und Zimt würzen und etwa 5 Minuten dünsten. Frühlingszwiebelscheiben und Sahne hinzugeben. Warm halten.
5. Nach etwa 2 ½ Stunden Garzeit der Gänsebrüste den Backofengrill einschalten. Die Gänsebrusthaut 6–10 Minuten knusprig braun grillen. Die Gänsebrüste aus der Fettpfanne nehmen, eventuell in Scheiben schneiden und mit den Apfelspalten und Frühlingszwiebelscheiben auf einer großen Platte anrichten. Mit abgespülten und trocken getupften Rosmarinzweigen garnieren.

Beilage: Kartoffelpüree.

ZUBEREITUNGSZEIT: 35 Minuten

GARZEIT: etwa 6 Stunden

PRO PORTION: E: 51 g, F: 33 g,
Kh: 5 g, kJ: 2210, kcal: 527, BE: 0,0

FÜR 12 PORTIONEN:
ZUTATEN:
3 kg Lammschulter,
ohne Knochen
Salz
gemahlener Pfeffer
etwa 160 ml Olivenöl
4 Zwiebeln
5 Knoblauchzehen
250 g Knollensellerie
2–3 EL Tomatenmark
2 TL frisch gehackter Thymian
2 TL frische Rosmarinnadeln
1 l Lammfond oder Fleischbrühe

1 kg Cocktailtomaten
250 g grüne Oliven ohne Stein

einige Zweige Rosmarin

AUSSERDEM:
Küchengarn

Lammschulter
Raffiniert ## mit Tomaten-Oliven-Gemüse

1. Den Backofen bei Ober-/Unterhitze auf 80 °C vorheizen. Lammschulter mit Küchenpapier trocken tupfen und von Fett und Sehnen befreien. Das Fleisch mit Küchengarn umwickeln und in Form binden. Mit Salz und Pfeffer würzen.
2. Etwa die Hälfte des Olivenöls in einem großen Bräter erhitzen. Die Lammschulter darin etwa 10 Minuten von allen Seiten anbraten. Zwiebeln und Knoblauch abziehen, in kleine Würfel schneiden. Knollensellerie putzen, schälen, abspülen, abtropfen lassen und in große Würfel schneiden.
3. Zwiebel-, Knoblauch- und Selleriewürfel zu der Lammschulter in den Bräter geben und mit andünsten. Tomatenmark unterrühren. Thymian und Rosmarinnadeln hinzugeben. Lammfond oder Brühe hinzugießen und zum Kochen bringen.
4. Den Bräter auf dem Rost in den vorgeheizten Backofen schieben (untere Schiene). Die Lammschulter **etwa 6 Stunden garen,** dabei zwischendurch 2–3-mal wenden.

5. Tomaten waschen, abtropfen lassen und eventuell die Stängelansätze herausschneiden. Tomaten und Oliven etwa 30 Minuten vor Ende der Garzeit zu der Lammschulter in den Bräter geben und mitgaren lassen.
6. Den Bräter aus dem Backofen nehmen. Die Lammschulter herausnehmen und Küchengarn entfernen. Lammschulter in Scheiben schneiden und auf einer vorgewärmten Platte anrichten. Tomaten-Oliven-Gemüse mit Salz und Pfeffer abschmecken.
7. Die Lammschulter mit dem Tomaten-Oliven-Gemüse servieren und mit Rosmarinzweigen garnieren.

Beilage: Bauernbrot.

ZUBEREITUNGSZEIT: 40 Minuten

GARZEIT: etwa 40 Minuten je Form

PRO PORTION: E: 39 g, F: 30 g, Kh: 5 g, kJ: 1899, kcal: 459, BE: 0,5

FÜR 12 PORTIONEN:
ZUTATEN:
12 Putenschnitzel (je etwa 125 g)
Salz
gemahlener Pfeffer
6 mittelgroße Schalotten
6 Knoblauchzehen
6 EL Olivenöl
400 g geschälte Tomaten
(aus der Dose)

1 Würfel Gemüsebrühe
400 g Gorgonzola
500 g Crème fraîche
3 EL gehackter, frischer Salbei
etwa 4 EL Weizenmehl

einige Zweige Salbei

Gorgonzola-Schnitzel-Pfanne

Einfach

1. Putenschnitzel kurz unter fließendem kalten Wasser abspülen und trocken tupfen. Mit Salz und Pfeffer würzen.
2. Schalotten und Knoblauch abziehen. Schalotten halbieren und in schmale Streifen schneiden. Knoblauch in kleine Würfel schneiden. Olivenöl in einem Topf erhitzen. Schalottenstreifen und Knoblauchwürfel darin kurz andünsten. Tomaten mit der Flüssigkeit und dem Gemüsebrühewürfel hinzugeben und unter Rühren aufkochen.
3. Gorgonzola in Stücke schneiden oder zerbröseln. Crème fraîche und die Gorgonzolastücke in die Tomatensauce geben und unter Rühren aufkochen lassen, bis der Käse geschmolzen ist. Salbei unterrühren.
4. Den Backofen vorheizen.
Ober-/Unterhitze etwa 200 °C
Heißluft etwa 180 °C
5. Die Putenschnitzel in Mehl wenden. Ein Viertel der Tomaten-Käse-Sauce in eine Auflaufform (gefettet) geben. Die Hälfte der Putenschnitzel darauflegen. Ein Viertel der Tomaten-Käse-Sauce darauf verteilen. Restliche Tomaten-Käse-Sauce und restliche Putenschnitzel auf die gleiche Weise in eine zweite Auflaufform (gefettet) geben.

6. Die Auflaufformen nacheinander (bei Heißluft zusammen) auf dem Rost (untere Schiene) in den vorgeheizten Backofen schieben. Die Schnitzelpfanne **etwa 40 Minuten je Form garen.**
7. Salbei abspülen und trocken tupfen. Die Gorgonzola-Schnitzel-Pfanne mit Salbeizweigen garniert servieren.

Beilage: Tagliatelle oder Weißbrot und einen Feldsalat.

ZUBEREITUNGSZEIT: 40 Minuten, ohne Einweichzeit

GARZEIT: 2–2 ½ Stunden

PRO PORTION: E: 54 g, F: 27 g, Kh: 35 g, kJ: 2529, kcal: 605, BE: 3,0

FÜR 12 PORTIONEN:
ZUTATEN:
3 kg Schweinenacken, ohne Knochen
Salz
gemahlener Pfeffer
6 mittelgroße Äpfel
600 g Soft-Pflaumen
1 TL rosa Pfefferbeeren
50 g Sonnenblumenkerne
1 Prise Salz
etwa 400 ml Gemüsebrühe, z. B. aus dem Glas

evtl. 20 g Weizenmehl
frische Majoranzweige

AUSSERDEM:
Küchengarn oder Rouladennadeln

Gefüllter Schweinenacken

Einfach

1. Den Backofen vorheizen.
Ober-/Unterhitze etwa 220 °C
Heißluft etwa 200 °C
2. Den Schweinenacken mit Küchenpapier trocken tupfen und waagerecht mit einem scharfen Messer einschneiden, jedoch nicht durchschneiden, sodass eine Tasche entsteht. Den Schweinenacken kräftig mit Salz und Pfeffer würzen.
3. Äpfel schälen, vierteln, entkernen und in grobe Würfel schneiden. Apfelwürfel mit Pflaumen, Pfefferbeeren, Sonnenblumenkernen und Salz mischen und in die Fleischtasche füllen. Den Schweinenacken mit Küchengarn umwickeln oder die Fleischtasche mit Rouladennadeln zusammenstecken.
4. Den gefüllten Schweinenacken in einen großen Bräter legen. Gemüsebrühe hinzugießen. Den Bräter auf dem Rost in den vorgeheizten Backofen schieben. Den Schweinenacken 2–2 ½ **Stunden garen.** Eventuell verdampfte Flüssigkeit durch Wasser ersetzen.

5. Den garen Schweinenacken aus dem Bräter nehmen. Küchengarn oder Rouladennadeln entfernen. Den Schweinenacken in Scheiben schneiden und auf einer vorgewärmten Platte anrichten.
6. Nach Belieben Mehl mit Wasser anrühren, in den Bratensatz (etwa 250 ml) rühren und unter Rühren aufkochen lassen. Die Sauce mit Salz und Pfeffer abschmecken.
7. Den Schweinenacken mit Majoranzweigen garnieren und mit der Sauce servieren.

Tipps: Den Schweinenacken etwa 30 Minuten vor Ende der Garzeit mit 2 Esslöffeln flüssigem Honig, mit 1 Teelöffel mittelscharfen Senf verrührt, bestreichen.

ZUBEREITUNGSZEIT: 40 Minuten

GARZEIT: etwa 5 ½ Stunden

PRO PORTION: E: 51 g, F: 45 g,
Kh: 20 g, kJ: 2891, kcal: 691,
BE: 1,0

FÜR 12 PORTIONEN:
ZUTATEN:
etwa 2 ¼ kg Schweinefleisch
aus der Keule
Salz
gemahlener Pfeffer
300 g Fetakäse
1 kg Krautsalat
(aus dem Kühlregal)

12 EL Olivenöl
4–6 TL Gyros-Gewürzmischung
6 Gemüsezwiebeln
1 kg Zaziki

AUSSERDEM:
Küchengarn

Gyrosbraten

Deftig

1. Den Backofen bei Ober-/Unterhitze auf 80 °C vorheizen. Schweinefleisch mit Küchenpapier trocken tupfen, eventuell vorhandenes Fett abschneiden. Das Fleisch der Länge nach waagerecht einschneiden, jedoch nicht durchschneiden, sodass es an einer Seite noch zusammenhält.
2. Das Fleisch auseinanderklappen, etwas flach klopfen und mit Salz und Pfeffer würzen. Fetakäse in etwa 1 cm breite Streifen schneiden. Das Fleisch mit der Hälfte des Krautsalates und den Käsestreifen belegen. Das Fleisch von der längeren Seite her fest aufrollen und mit Küchengarn fest umwickeln.
3. Olivenöl in einem großen, flachen Bräter erhitzen. Den Braten mit der Gyros-Gewürzmischung einreiben, in den Bräter legen und etwa 10 Minuten von allen Seiten gut anbraten. Zwiebeln abziehen, halbieren und in Scheiben schneiden. Zwiebelscheiben zu dem Gyrosbraten in den Bräter geben und mit anbraten.

4. Den Bräter auf dem Rost (unteres Drittel) in den vorgeheizten Backofen schieben. Den Gyrosbraten **etwa 5 ½ Stunden garen.**
5. Nach etwa 4 Stunden Garzeit den restlichen Krautsalat und Zaziki zu dem Gyrosbraten in den Bräter geben. Den Bräter wieder in den Backofen schieben. Gyrosbraten fertig garen.
6. Den Bräter aus dem Backofen nehmen. Den Gyrosbraten herausnehmen und das Küchengarn entfernen. Den Gyrosbraten in Scheiben schneiden und mit dem Zaziki-Kraut servieren.

Beilage: Bratkartoffeln.

ZUBEREITUNGSZEIT: 50 Minuten, ohne Durchziehzeit

GARZEIT: etwa 30 Minuten je Form

PRO PORTION: E: 35 g, F: 23 g, Kh: 6 g, kJ: 1581, kcal: 378, BE: 0,5

FÜR 12 PORTIONEN:
ZUTATEN:
etwa 1 ½ kg Hähnchenbrustfilets
3–4 EL Speiseöl, z. B. Rapsöl
Salz
gemahlener Pfeffer
750 g rote Zwiebeln
1 TL Zucker
1 EL Balsamico-Essig oder
Himbeer-Essig
480 g Champignonscheiben
(aus dem Glas)

500 g Schlagsahne
Paprikapulver edelsüß
3 EL Tomatenketchup

etwa 250 g Frühstücksspeck
(Bacon) in Scheiben

Hähnchen-Geschnetzeltes
in Zwiebel-Sahne-Sauce

Einfach

1. Hähnchenbrustfilets kurz unter fließendem kalten Wasser abspülen, trocken tupfen und in etwa 1 ½ cm dicke Streifen schneiden.

2. Jeweils etwas Speiseöl in einer großen Pfanne erhitzen. Die Hähnchenfleischstreifen darin portionsweise von allen Seiten anbraten. Mit Salz und Pfeffer würzen. Hähnchenfleischstreifen aus der Pfanne nehmen und beiseitestellen.

3. Zwiebeln abziehen, halbieren und in dünne Scheiben schneiden. Zwiebelscheiben in dem verbliebenen Bratfett unter Rühren glasig dünsten. Mit Zucker und Essig ablöschen.

4. Champignonscheiben auf einem Sieb abtropfen lassen. Beiseitegestellte Hähnchenfleischstreifen in zwei große Auflaufformen geben. Zwiebelscheiben mit den Champignonscheiben mischen und auf den Hähnchenfleischstreifen verteilen.

5. Sahne mit Salz, Pfeffer, Paprika und Ketchup verrühren. Jeweils die Hälfte der Sauce in die Auflaufformen geben und mit den Zutaten gut vermischen. Die Formen zugedeckt 3–4 Stunden kalt stellen und das Geschnetzelte durchziehen lassen.

6. Den Backofen vorheizen.
Ober-/Unterhitze etwa 200 °C
Heißluft etwa 180 °C

7. Hähnchengeschnetzeltes mit den Frühstücksspeckscheiben dicht belegen. Die Formen nacheinander (bei Heißluft zusammen) auf dem Rost in den vorgeheizten Backofen schieben. Hähnchen-Geschnetzeltes **etwa 30 Minuten je Form garen.**

Beilage: Spätzle oder Reis und ein frischer, bunter Salat.

ZUBEREITUNGSZEIT: 20 Minuten

GARZEIT: etwa 4 Stunden

PRO PORTION: E: 36 g, F: 20 g,
Kh: 13 g, kJ: 1692, kcal: 405,
BE: 1,0

FÜR 12 PORTIONEN:
ZUTATEN:
etwa 2 Putenoberkeulen
(je etwa 1,4 kg)
Salz
gemahlener Pfeffer
Chilipulver
2 TL gerebelter Thymian
4 EL Speiseöl, z. B. Maiskeimöl
2 Zwiebeln
2 Knoblauchzehen

200 g geräucherte
Schinkenspeckwürfel
400 ml Hühnerbrühe
400 ml Weißwein
Saft von 2 Zitronen
2 Granatäpfel

800 g kernlose, grüne Weintrauben
evtl. 4 TL Speisestärke

AUSSERDEM:
Küchengarn

Putenoberkeule
mit Trauben

Mit Alkohol

1. Den Backofen bei Ober-/Unterhitze auf 80 °C vorheizen. Putenoberkeulen kurz unter fließendem kalten Wasser abspülen und abtropfen lassen. Von den Keulen Haut, Fett und Sehnen entfernen. Jeweils den Röhrenknochen herausschneiden. Das Putenfleisch mit Salz, Pfeffer, Chili und Thymian würzen, aufrollen und mit Küchengarn fest umwickeln.
2. Speiseöl in einem großen Bräter erhitzen. Das Putenfleisch darin eventuell in 2 Portionen etwa 10 Minuten von allen Seiten anbraten. Zwiebeln und Knoblauch abziehen, in kleine Würfel schneiden, zu dem Putenfleisch in den Bräter geben und mit anbraten. Schinkenspeckwürfel hinzugeben und kurz mit andünsten. Brühe, Wein und Zitronensaft hinzugießen und zum Kochen bringen. Granatäpfel halbieren. Die Kerne und den Saft zum Putenfleisch geben.
3. Den Bräter auf dem Rost in den vorgeheizten Backofen schieben (untere Schiene). Das Putenfleisch **etwa 4 Stunden garen.**

4. Den Bräter aus dem Backofen nehmen. Das Putenfleisch herausnehmen und Küchengarn entfernen. Putenfleisch in Scheiben schneiden, auf einer vorgewärmten Platte anrichten und warm stellen.
5. Weintrauben waschen, abtropfen lassen, entstielen und halbieren. Die Weintrauben in den Bratenfond geben. Fond aufkochen lassen. Nach Belieben Speisestärke mit etwas Wasser anrühren, in den Bratenfond rühren und unter Rühren aufkochen lassen. Die Sauce mit Salz und Pfeffer abschmecken. Die Putenoberkeule mit der Traubensauce anrichten und servieren.

Beilage: Basmatireis. 800 g Basmatireis mit 800 ml Kokosmilch und 800 ml Wasser in einem großen Topf zum Kochen bringen, mit etwas Salz würzen. Den Reis zugedeckt bei schwacher Hitze etwa 20 Minuten garen. Den Röhrenknochen schon beim Geflügelschlachter herausschneiden lassen.

ZUBEREITUNGSZEIT: 15 Minuten

GARZEIT: 2–2 ½ Stunden

PRO PORTION: E: 44 g, F: 20 g, Kh: 7 g, kJ: 1631, kcal: 390, BE: 0,5

FÜR 10–12 PORTIONEN:
ZUTATEN:
2–2 ½ kg Schweinenacken, ohne Knochen
Salz
gemahlener Pfeffer
2 Gemüsezwiebeln
1 Knoblauchzehe
½ Bund frischer oder
1 TL gerebelter Thymian
2 große Dosen (je 800 g) Tomaten,

z. B. Pizzatomaten
1 Glas feurige Taco-Sauce
(Einwaage 225 g)
2 Lorbeerblätter

einige Zweige Thymian
und Petersilie

Tomaten-Koteletts

Raffiniert

1. Den Backofen vorheizen.
Ober-/Unterhitze 200 °C
Heißluft 180 °C
2. Schweinenacken mit Küchenpapier trocken tupfen und in 10–12 gleich große Scheiben schneiden, eventuell etwas flach klopfen. Fleischscheiben mit Salz und Pfeffer kräftig würzen.
3. Zwiebeln und Knoblauch abziehen. Zwiebeln zuerst in Scheiben schneiden, dann in Ringe teilen. Knoblauch in Scheiben schneiden.
4. Thymian abspülen und trocken tupfen. Die Blättchen von den Stängeln zupfen. Thymian mit den Tomaten (Tomaten eventuell in der Dose zerkleinern) und der Taco-Sauce verrühren. Lorbeerblätter grob zerreiben und unterrühren. Die Tomatensauce mit Salz und Pfeffer würzen.
5. Die Fleischscheiben abwechselnd mit den Zwiebelringen, Knoblauchscheiben und der Tomatensauce in einen großen Bräter schichten. Die letzte Schicht sollte aus Zwiebelringen und Tomatensauce bestehen. Den Bräter auf dem Rost in den vorgeheizten Backofen schieben. Die Tomaten-Koteletts **2–2 ½ Stunden garen** und im Bräter anrichten.
6. Die Tomaten-Koteletts mit abgespülten und trocken getupften Thymian- und Petersilienzweigen garnieren.

Beilage: Röstkartoffeln, Baguette oder Fladenbrot.

Tipp: Statt der Taco-Sauce aus dem Glas können Sie auch Curry-Ketchup (dann wird die Sauce etwas lieblicher, weniger scharf) oder Paprika-Zubereitungen aus Glas oder Dose verwenden, z. B. Letscho (ungarisches Paprikagemüse) oder Ajvar (orientalische Paprika-Gemüse-Mischung). Zusätzlich schmecken auch Champignons oder Pfifferlinge (frisch oder aus der Dose), die mit eingeschichtet werden.

ZUBEREITUNGSZEIT: 50 Minuten, ohne Marinierzeit

GARZEIT: etwa 4 Stunden

PRO PORTION: E: 60 g, F: 29 g, Kh: 13 g, kJ: 2562, kcal: 612, BE: 0,5

FÜR 12 PORTIONEN:
ZUTATEN:
3 kg Rindfleisch (aus der Hüfte)
3 Zwiebeln
3 Knoblauchzehen
Salz
gemahlener Pfeffer
9 Lorbeerblätter
20 Gewürznelken
3 EL mittelscharfer Senf
3 EL Tomatenmark
1 ½ TL gemahlener Zimt
3 TL gerebelter Oregano
900 ml Rotwein

125 ml Olivenöl
600 ml heiße Fleischbrühe
200 g Schinkenwürfel

3 Stangen Porree (Lauch)
1,8 kg Möhren
1,2 kg Knollensellerie
180 g Butter
Zucker

einige Zweige Oregano

Mariniertes, geschmortes Rindfleisch

Raffiniert – mit Alkohol

1. Rindfleisch mit Küchenpapier trocken tupfen und in eine große Schale legen. Zwiebeln und Knoblauch abziehen, in kleine Würfel schneiden. Zwiebel- und Knoblauchwürfel mischen und auf dem Rindfleisch verteilen. Mit Salz und Pfeffer würzen. Lorbeerblätter und Nelken hinzugeben. Senf, Tomatenmark, Zimt und Oregano mit dem Rotwein verrühren. Das Fleisch mit der Marinade übergießen und zugedeckt im Kühlschrank über Nacht marinieren.

2. Den Backofen bei Ober-/Unterhitze auf 80 °C vorheizen. Das Rindfleisch aus der Marinade nehmen und abtropfen lassen. Olivenöl in einem großen Bräter erhitzen. Das Rindfleisch darin etwa 10 Minuten von allen Seiten anbraten. Die Marinade hinzugeben und aufkochen lassen.

3. Den Bräter auf dem Rost in den vorgeheizten Backofen schieben (unteres Drittel). Das Rindfleisch **etwa 4 Stunden garen,** dabei zwischendurch 2–3-mal wenden. Nach etwa 2 Stunden Garzeit die heiße Fleischbrühe und Schinkenwürfel hinzugeben.

4. Nach etwa 3 ½ Stunden Garzeit Porree putzen, die Stangen längs halbieren, gründlich waschen, abtropfen lassen und in etwa 2 cm dicke Streifen schneiden. Möhren und Sellerie putzen, schälen, abspülen, abtropfen lassen und in 1 cm große Würfel schneiden.

5. Butter in einem Topf zerlassen. Möhren- und Selleriewürfel darin andünsten. Etwa 100 ml Wasser hinzugeben und zum Kochen bringen. Mit Salz und Zucker würzen. Möhren- und Selleriewürfel etwa 10 Minuten dünsten. Porreestreifen hinzugeben und weitere etwa 2 Minuten dünsten.

6. Den Bräter aus dem Backofen nehmen. Das gare Rindfleisch herausnehmen und in Scheiben schneiden. Lorbeerblätter aus der Sauce entfernen. Die Fleischscheiben wieder in die Sauce legen und mit dem Möhren-Sellerie-Gemüse servieren. Mit abgespülten und trocken getupften Oreganozweigen garnieren.

Beilage: Knödel.

ZUBEREITUNGSZEIT: 40 Minuten, ohne Durchziehzeit

GARZEIT: etwa 35 Minuten

PRO PORTION: E: 42 g, F: 26 g, Kh: 12 g, kJ: 1897, kcal: 454, BE: 1,0

FÜR 12 PORTIONEN:
ZUTATEN:
12 Schweineschnitzel
(je 100–120 g)

FÜR DIE MARINADE:
5 EL flüssiger Blütenhonig
1 EL Zitronensaft
2 ½ TL milder Senf

FÜR DEN BELAG:
800 g Thüringer Mett (gewürztes Schweinemett)
12 TL Tomatenketchup

1 Bund Frühlingszwiebeln oder 3 mittelgroße Zwiebeln
600 g Tomaten
einige Oregano- und Basilikumblättchen
400 g Champignonscheiben (aus Gläsern)
300 g Kräuter Crème fraîche
150 g frisch geriebener Goudakäse

ZUM GARNIEREN:
einige Basilikumblättchen
Frühlingszwiebelringe

Schnitzel-Pizza

Raffiniert

1. Schweineschnitzel mit Küchenpapier trocken tupfen und in eine Fettpfanne legen.
2. Für die Marinade Honig mit Zitronensaft und Senf gut verrühren. Die Marinade auf den Schnitzeln verteilen und etwa 15 Minuten durchziehen lassen.
3. Für den Belag Thüringer Mett auf die Schnitzel geben, mit einer Gabel gleichmäßig verteilen und andrücken. Je einen Teelöffel Ketchup auf das Mett streichen.
4. Frühlingszwiebeln putzen, waschen, gut abtropfen lassen und in Scheiben schneiden. Oder Zwiebeln abziehen, zuerst in Scheiben schneiden und dann in Ringe teilen. Frühlingszwiebelscheiben oder Zwiebelringe auf dem Mett verteilen.
5. Den Backofen vorheizen.
Ober-/Unterhitze etwa 200 °C
Heißluft etwa 180 °C

6. Tomaten waschen, trocken tupfen, halbieren und die Stängelansätze herausschneiden. Tomatenhälften in Scheiben schneiden und auf den Frühlingszwiebelscheiben oder Zwiebelringen verteilen. Oregano- oder Basilikumblättchen abspülen und trocken tupfen. Jeweils 2–3 Blättchen auf die Tomatenscheiben legen.
7. Champignonscheiben auf einem Sieb abtropfen lassen und ebenfalls auf die Tomatenscheiben legen. Kräuter Crème fraîche daraufgeben, leicht verstreichen und mit Käse bestreuen.
8. Die Fettpfanne in den vorgeheizten Backofen schieben. Die Schnitzel-Pizza **etwa 35 Minuten garen.**
9. Die Schnitzel-Pizza mit Basilikumblättchen und Frühlingszwiebelringen garnieren.

Beilage: Ciabatta-Brot.

ZUBEREITUNGSZEIT: 30 Minuten

GARZEIT: etwa 5 Stunden

PRO PORTION: E: 43 g, F: 23 g, Kh: 48 g, kJ: 2545, kcal: 609, BE: 4,0

FÜR 12 PORTIONEN:
ZUTATEN:
etwa 2,4 kg Schweineschulter
Salz
gemahlener Pfeffer
1 gestr. TL Pul Biber (geschrotete Pfefferschoten)
300 g Backobst
6 EL Speiseöl, z. B. Rapsöl

3 Zwiebeln
700 ml trockener Rotwein
700 ml Fleischbrühe
500 g Backobst

2 EL Speisestärke
2 EL kaltes Wasser

gemahlener Piment

AUSSERDEM:
Küchengarn

Schweinerollbraten

mit Backobst

Raffiniert – mit Alkohol

1. Den Backofen bei Ober-/Unterhitze auf 80 °C vorheizen. Einen großen, feuerfesten Teller oder eine große Auflaufform mit flachem Rand auf dem Rost (mittlere Schiene) miterwärmen.
2. Von der Schweineschulter Fett und Sehnen entfernen. Schweineschulter mit Küchenpapier trocken tupfen und eventuell etwas flach klopfen. Mit Salz, Pfeffer und Pul Biber würzen.
3. Backobst in die Mitte des Fleischstückes legen. Das Fleisch von der breiten Seite her aufrollen und mit Küchengarn fest umwickeln.
4. Speiseöl in einer großen Pfanne erhitzen. Den Rollbraten darin etwa 12 Minuten von allen Seiten gut anbraten. Den Rollbraten aus der Pfanne nehmen, auf dem vorgewärmten Teller oder in der Auflaufform in den heißen Backofen schieben. Den Rollbraten **etwa 5 Stunden garen.** Die Pfanne mit dem Bratensatz beiseitestellen.

5. Etwa 25 Minuten vor Ende der Garzeit Zwiebeln abziehen, halbieren und in kleine Würfel schneiden. Beiseitegestellte Pfanne mit dem Bratensatz erhitzen. Die Zwiebelwürfel darin anbraten. Rotwein und Brühe unterrühren. Backobst ebenfalls in die Pfanne geben und die Zutaten aufkochen lassen.
6. Speisestärke mit Wasser anrühren, in die Sauce rühren und unter Rühren kurz aufkochen lassen. Die Sauce mit Salz, Pfeffer, Pul Biber und Piment abschmecken.
7. Den Rollbraten aus dem Backofen nehmen, Küchengarn entfernen. Den Bratensaft in die Sauce rühren. Den gefüllten Rollbraten in Scheiben schneiden und mit der Sauce servieren.

Beilage: Böhmische Knödel oder Semmelknödel.

ZUBEREITUNGSZEIT: 20 Minuten

GARZEIT: etwa 4 Stunden

PRO PORTION: E: 71 g, F: 27 g,
Kh: 31 g, kJ: 2680, kcal: 643,
BE: 2,5

FÜR 12 PORTIONEN:
ZUTATEN:
2 Putenbrüste (je etwa 1,25 kg)
Salz
gemahlener Pfeffer
125 ml Rapsöl
4 Zwiebeln
2 Knoblauchzehen
2 EL Currypulver
½ TL Chiliflocken
1 ¼ l Fleischbrühe
250 g Erdnusscreme

4 Schalotten
150 g geräucherte Schinkenwürfel
1 ½ l Gemüsebrühe
600 g gelbe Linsen
2 EL Schnittlauchröllchen

Putenbrust

Raffiniert

mit gelben Linsen

1. Den Backofen bei Ober-/Unterhitze auf 80 °C vorheizen. Putenbrüste kurz unter fließendem kalten Wasser abspülen und trocken tupfen. Mit Salz und Pfeffer würzen.
2. Etwa zwei Drittel des Rapsöls in einem großen Bräter erhitzen. Putenbrüste darin eventuell in 2 Portionen etwa 10 Minuten von allen Seiten anbraten. Zwiebeln und Knoblauch abziehen, in kleine Würfel schneiden, zu den Putenbrüsten in den Bräter geben und kurz mit anbraten. Mit Curry und Chiliflocken bestreuen, kurz mit anrösten. Brühe und Erdnusscreme hinzugeben und zum Kochen bringen.
3. Den Bräter auf dem Rost auf der unteren Schiene in den vorgeheizten Backofen schieben. Die Putenbrüste **etwa 4 Stunden garen,** dabei zwischendurch 2–3-mal wenden.
4. Etwa 30 Minuten vor Ende der Garzeit Schalotten abziehen und in kleine Würfel schneiden. Restliches Rapsöl in einem Topf erhitzen und Schalottenwürfel darin andünsten. Schinkenwürfel hinzugeben und mit andünsten. Brühe hinzugießen, Linsen unterrühren und zugedeckt etwa 20 Minuten bei schwacher Hitze garen.

5. Den Bräter aus dem Backofen nehmen. Die Putenbrüste herausnehmen, in Scheiben schneiden und auf eine vorgewärmte Platte legen. Linsen in eine Schüssel geben und mit Schnittlauchröllchen bestreuen.
6. Die Putenbrustscheiben mit der Erdnusssauce und den Linsen anrichten und sofort servieren.

Beilage: Basmatireis.

Tipp: Gelbe Linsen erhalten Sie im Bioladen oder im türkischen Lebensmittelgeschäft.

ZUBEREITUNGSZEIT: 50 Minuten

GARZEIT: etwa 4 Stunden

PRO PORTION: E: 45 g, F: 19 g,
Kh: 6 g, kJ: 1559, kcal: 373, BE: 0,0

FÜR 12 PORTIONEN:
ZUTATEN:
2 Putenbrüste (je etwa 1 kg)
Salz
gemahlener Pfeffer
Thymian
1 kg Zucchini
2 Gläser rote Paprika, geröstet
(Abtropfgewicht je 210 g)
200 ml Rapsöl

1 Zwiebel
2 EL Tomatenmark
1 l Hühnerbrühe
800 g Champignons
5 Zwiebeln
2 Knoblauchzehen
2 Bund glatte Petersilie
evtl. 4 TL Speisestärke

AUSSERDEM:
Küchengarn

Putenrollen mit Zucchini-Champignon-Gemüse

Leichter Genuss

1. Den Backofen bei Ober-/Unterhitze auf 80 °C vorheizen. Putenbrüste kurz unter fließendem kalten Wasser abspülen und trocken tupfen. Die Putenbrüste jeweils mit einem scharfen Messer der Länge nach in der Mitte aufschneiden, aber nicht ganz durchschneiden. Die Putenbrüste auseinanderklappen. Mit Salz, Pfeffer und Thymian würzen.
2. Zucchini waschen, abtrocknen und die Enden abschneiden. Von einer Zucchini längs zwei etwa 1 cm dicke Scheiben abschneiden. Paprika auf einem Sieb abtropfen lassen. Jeweils 3–4 Paprika auf die auseinandergeklappten Putenbrüste legen. Je eine Zucchinischeibe auf die Paprika legen. Die Putenbrüste jeweils aufrollen und mit Küchengarn fest umwickeln.
3. Knapp die Hälfte des Rapsöls in einem großen Bräter erhitzen. Die Putenrollen darin eventuell in 2 Portionen etwa 10 Minuten von allen Seiten anbraten. Zwiebel abziehen, in kleine Würfel schneiden, zu den Putenrollen in den Bräter geben und mit anbraten. Tomatenmark unterrühren und ebenfalls kurz anbraten. Brühe hinzugießen und zum Kochen bringen.
4. Den Bräter auf dem Rost in den vorgeheizten Backofen schieben. Die Putenrollen **etwa 4 Stunden garen,** dabei zwischendurch 2–3-mal wenden.

5. Etwa 30 Minuten vor Ende der Garzeit die restlichen vorbereiteten Zucchini in Würfel schneiden. Champignons putzen, mit Küchenpapier abreiben, eventuell abspülen, trocken tupfen und in Scheiben schneiden. Zwiebeln und Knoblauch abziehen, jeweils in kleine Würfel schneiden.
6. Etwas von dem restlichen Rapsöl in einer großen Pfanne erhitzen. Zucchiniwürfel, Champignonscheiben, Zwiebel- und Knoblauchwürfel darin portionsweise andünsten. Das angedünstete Gemüse wieder in die Pfanne geben und etwa 10 Minuten dünsten. Das Gemüse mit Salz, Pfeffer und Thymian würzen.
7. Petersilie abspülen, trocken tupfen. Blättchen von den Stängeln zupfen. Blättchen klein schneiden. Restliche Paprika in Würfel schneiden. Petersilie und Paprikawürfel unter das Gemüse heben.
8. Die Putenrollen aus dem Bräter nehmen. Küchengarn entfernen. Putenrollen in Scheiben schneiden und warm stellen. Den Bratenfond zum Kochen bringen. Nach Belieben Speisestärke mit etwas Wasser anrühren, in den Fond rühren, unter Rühren aufkochen lassen. Die Sauce mit Salz und Pfeffer abschmecken.
9. Die Putenrollen mit dem Zucchini-Champignon-Gemüse anrichten und mit der Sauce servieren.

Beilage: Salzkartoffeln.

ZUBEREITUNGSZEIT: 35 Minuten, ohne Durchziehzeit

GARZEIT: etwa 1 ½ Stunden

PRO PORTION: E: 36 g, F: 43 g, Kh: 19 g, kJ: 2576, kcal: 615, BE: 1,5

FÜR 10–12 PORTIONEN:
ZUTATEN:
etwa 2 kg Kasseler
(Nacken- oder Kotelettstück, ohne Knochen)
2 Dosen Ananasscheiben
(Abtropfgewicht je 340 g)
8–9 getrocknete Tomaten

75 g Butter

400 g Sahne-Schmelzkäse
400 g Schlagsahne
evtl. gemahlener Pfeffer

Kasseler-Ananas-Pfanne

Einfach

1. Kasseler mit Küchenpapier trocken tupfen und in etwa 1 cm dicke Scheiben schneiden. Ananasscheiben auf einem Sieb abtropfen lassen.

2. Kasselerscheiben abwechselnd mit den Ananasscheiben und je einer halbierten, getrockneten Tomate hintereinander in eine große Auflaufform legen.

3. Butter in einem Topf zerlassen. Schmelzkäse und Sahne hinzugeben, mit einem Schneebesen unter Rühren bei mittlerer Hitze zum Kochen bringen. Käse-Sahne-Sauce auf den Fleisch- und Ananasscheiben verteilen. Die Form zugedeckt 3–4 Stunden kalt stellen.

4. Den Backofen vorheizen.
Ober-/Unterhitze etwa 200 °C
Heißluft etwa 180 °C

5. Die Form auf dem Rost in den vorgeheizten Backofen (untere Schiene) schieben. Die Kasseler-Ananas-Pfanne etwa 1 ½ **Stunden garen.** Die Käse-Sahne-Sauce nach Belieben mit Pfeffer abschmecken.

Beilage: Spätzle und ein bunter Blattsalat.

ZUBEREITUNGSZEIT: 40 Minuten

GARZEIT: etwa 20 Minuten

PRO PORTION: E: 37 g, F: 25 g, Kh: 26 g, kJ: 2085, kcal: 498, BE: 1,5

FÜR 12 PORTIONEN:
ZUTATEN:
24 dünne Scheiben Roastbeef (Rumpsteak, je etwa 60 g)
3 kleine, rote Paprikaschoten
3 Bund Frühlingszwiebeln
200 g mittelalter Goudakäse am Stück
Salz
gemahlener Pfeffer
9 EL Olivenöl
120 ml Weinbrand

1125 g TK-Kartoffel-Wedges (Kartoffelspalten)

AUSSERDEM:
Holzstäbchen

Roastbeefröllchen
mit Kartoffelecken

Mit Alkohol

1. Den Backofen bei Ober-/Unterhitze auf 80 °C vorheizen. Eine große Auflaufform mit niedrigem Rand auf dem Rost (mittlere Schiene) miterwärmen.

2. Roastbeefscheiben mit Küchenpapier trocken tupfen und den Fettrand abschneiden. Die Fleischscheiben nebeneinander auf die Arbeitsfläche legen.

3. Paprikaschoten halbieren, entstielen, entkernen und die weißen Scheidewände entfernen. Schotenhälften waschen, abtropfen lassen und in Streifen schneiden. Frühlingszwiebeln putzen, waschen, abtropfen lassen und in 3 cm lange Stücke schneiden.

4. Den Käse in 24 fingerdicke, etwa 3 cm lange Stücke schneiden. Die Fleischscheiben mit Salz und Pfeffer bestreuen. Jeweils 1–2 Paprikastreifen, 1–2 Frühlingszwiebelstücke und 1 Käsestift auf die Fleischscheiben legen. Die Fleischscheiben von der schmalen Seite her fest aufrollen und mit Holzstäbchen feststecken.

5. Jeweils etwas Olivenöl in einer großen Pfanne erhitzen. Die Roastbeefröllchen darin portionsweise etwa 5 Minuten von allen Seiten gut anbraten, herausnehmen, in die vorgewärmte Auflaufform legen und in den heißen Backofen schieben. Den Weinbrand unter Rühren zum Bratensatz in die Pfanne geben. Die Roastbeefröllchen mit dem Weinbrandsud übergießen. Die Roastbeefröllchen **etwa 20 Minuten garen.**

6. Kartoffelspalten in einer Pfanne nach Packungsanleitung zubereiten. Roastbeefröllchen mit Kartoffelspalten servieren.

Tipp: 1–2 Esslöffel Olivenöl in einer Pfanne erhitzen. Die restlichen Frühlingszwiebelstücke und eventuell Paprikastreifen darin unter Rühren anbraten, mit Salz und Pfeffer abschmecken und zu den Roastbeefröllchen reichen. Roastbeefröllchen nach Belieben mit gehackten Rosmarinnadeln bestreuen.

ZUBEREITUNGSZEIT: 40 Minuten, ohne Durchziehzeit

GARZEIT: 1 ¾ Stunden

PRO PORTION: E: 38 g, F: 38 g, Kh: 7 g, kJ: 2207, kcal: 529, BE: 0,5

FÜR 12 PORTIONEN:
ZUTATEN:
FÜR DAS GESCHNETZELTE:
750 g Schlagsahne
3 Pck. Jägersauce
(für je 250 ml Flüssigkeit)
1 ½ kg Schweine-Geschnetzeltes
Salz
gemahlener Pfeffer
etwas Chilipulver

2 EL frisch gehackter Thymian
2 EL frisch gehackte Petersilie
200 g gewürfelter Katenschinken
1 Bund Frühlingszwiebeln
2 Stangen Porree (Lauch)
500 g Champignons
250 g Chester-Schmelzkäse, in Scheiben

24-Stunden- Geschnetzeltes

Deftig

1. Für das Geschnetzelte aus Sahne und Saucenpulver eine Sauce nach Packungsanleitung zubereiten. Jägersauce erkalten lassen.
2. Geschnetzeltes eventuell mit Küchenpapier trocken tupfen und in einen großen Bräter geben. Mit Salz, Pfeffer und Chili leicht würzen. Thymian, Petersilie und Schinkenwürfel unterrühren.
3. Frühlingszwiebeln putzen, waschen, abtropfen lassen und in dünne Scheiben schneiden. Porree putzen, die Stangen längs halbieren, gründlich waschen, abtropfen lassen und ebenfalls in dünne Streifen schneiden.
4. Champignons putzen, mit Küchenpapier abreiben, eventuell abspülen, trocken tupfen und in Scheiben schneiden. Käsescheiben in Würfel schneiden.
5. Frühlingszwiebeln, Porree, Champignons und Käsewürfel zu dem Geschnetzelten in den Bräter geben und gut vermengen. Die erkaltete Jägersauce unterrühren. Das Geschnetzelte zugedeckt im Kühlschrank etwa 24 Stunden durchziehen lassen.

6. Den Backofen vorheizen.
Ober-/Unterhitze etwa 200 °C
Heißluft etwa 180 °C
7. Den Bräter auf dem Rost auf der unteren Schiene in den vorgeheizten Backofen schieben. Geschnetzeltes **etwa 1 ¾ Stunden garen.** Nach etwa 60 Minuten Garzeit das Geschnetzelte 2–3-mal umrühren.

Beilage: Tagliatelle, Reis oder Rösti und einen Blattsalat mit Joghurtdressing.

Tipp: Statt 750 g Schlagsahne nur 500 g Schlagsahne und 200 ml Wasser verwenden. Das Geschnetzelte kurz vor dem Servieren mit 50 ml Weißwein abschmecken. Geschnetzeltes mit abgespülten und trocken getupften Thymianzweigen garnieren.

ZUBEREITUNGSZEIT: 45 Minuten

GARZEIT: etwa 45 Minuten

PRO PORTION: E: 41 g, F: 31 g,
Kh: 22 g, kJ: 2235, kcal: 535,
BE: 2,0

FÜR 12 PORTIONEN:
ZUTATEN:
2 kg Kartoffeln
2 mittelgroße Zwiebeln oder
2–3 Schalotten
100 g gewürfelter Katenschinken
6 EL Speiseöl, z. B. Olivenöl
Salz

FÜR DEN BELAG:
evtl. 1 Knoblauchzehe
500 g Crème fraîche
3 EL gehackte Petersilie
3 EL Schnittlauchröllchen
Salz
gemahlener Pfeffer
200 g geriebener Goudakäse

12 Kalbs-Rumpsteaks
(je etwa 140 g)
etwa 4 EL Speiseöl

Steak-Blech

Etwas teurer

1. Den Backofen vorheizen.
Ober-/Unterhitze etwa 200 °C
Heißluft etwa 180 °C
2. Kartoffeln schälen, abspülen, abtropfen lassen und
in dünne Scheiben schneiden. Kartoffelscheiben in eine Fettpfanne (30 x 40 cm, mit etwas Speiseöl bestrichen) geben.
Zwiebeln oder Schalotten abziehen, klein würfeln. Zwiebelwürfel mit Schinkenwürfeln und Speiseöl vermischen, auf
den Kartoffelscheiben verteilen und gut untermengen.
3. Die Fettpfanne in den vorgeheizten Backofen schieben.
Kartoffelscheiben **etwa 30 Minuten garen,** dabei die Kartoffelscheiben nach der Hälfte der Garzeit einmal wenden.
4. Für den Belag nach Belieben Knoblauch abziehen und
in kleine Würfel schneiden. Crème fraîche mit Petersilie,
Schnittlauchröllchen und Knoblauchwürfeln verrühren. Mit
Salz und Pfeffer würzen. Die Hälfte des geriebenen Käses
unterrühren.
5. Rumpsteaks mit Küchenpapier trocken tupfen. Die
Hälfte des Speiseöls in einer großen Pfanne erhitzen. Die
Steaks darin in 2 Portionen von jeder Seite etwa 2 Minuten
anbraten, herausnehmen.

6. Die Crème-fraîche-Käse-Masse und Rumpsteaks auf den
Kartoffelscheiben verteilen und mit dem restlichen Käse
bestreuen. Die Fettpfanne wieder in den heißen Backofen
schieben. Die Steaks **bei gleicher Backofentemperatur etwa
15 Minuten überbacken.**

Beilage: Tomatensalat und ofenfrisches Ciabatta-Brot.

Tipp: Statt Kalbs-Rumpsteaks Schweinenackensteaks
oder Putenschnitzel verwenden. Dann den Belag nur
etwa 10 Minuten überbacken. Sollte der Käse noch nicht
genügend gebräunt sein, kurz den Backofengrill einschalten.
Das Steak-Blech nach Belieben mit abgespülten und trocken
getupften Petersilienblättchen garnieren.

ZUBEREITUNGSZEIT: 40 Minuten

GARZEIT: etwa 4 Stunden

PRO PORTION: E: 46 g, F: 36 g,
Kh: 5 g, kJ: 2233, kcal: 533, BE: 0,0

FÜR 12 PORTIONEN:
ZUTATEN:
etwa 2,4 kg Schweinekotelett
am Stück, ohne Knochen
12 EL Olivenöl

3 Knoblauchzehen
3 Bio-Zitronen
3 Stängel Rosmarin
3 EL Fenchelsamen
3 EL Koriandersamen
6 EL Olivenöl
Salz
gemahlener Pfeffer

1 ½ kg Pfifferlinge
60 g Butter
500 g Schlagsahne
600 ml Fleischbrühe

3 TL Speisestärke
3 EL kaltes Wasser

Schweinebraten
mit Kräuterkruste

Raffiniert

1. Den Backofen bei Ober-/Unterhitze auf 80 °C vorheizen. Einen großen, feuerfesten Teller oder eine große Auflaufform mit flachem Rand auf dem Rost (mittlere Schiene) miterwärmen.
2. Das Fleisch mit Küchenpapier trocken tupfen und das Fett abschneiden. Olivenöl in einer großen Pfanne erhitzen. Das Fleisch hinzufügen und von allen Seiten etwa 10 Minuten gut anbraten.
3. Knoblauch abziehen und klein würfeln. Zitronen heiß abwaschen, abtrocknen und die Schale fein abreiben. Rosmarin abspülen und trocken tupfen. Die Nadeln von den Stängeln zupfen und klein schneiden.
4. Knoblauch mit Fenchel-, Koriandersamen, Zitronenschale und Rosmarin in einem Mörser fein zerreiben. Olivenöl unterrühren und mit Salz und Pfeffer würzen. Das angebratene Fleisch mit der Kräuter-Gewürz-Mischung bestreichen.
5. Das Kräuterfleisch auf dem vorgewärmten Teller oder in der Auflaufform in den heißen Backofen schieben. Das Kräuterfleisch **etwa 4 Stunden garen.**

6. Etwa 45 Minuten vor Ende der Garzeit Pfifferlinge putzen, mit Küchenpapier abreiben, eventuell kurz abspülen und gut trocken tupfen. Jeweils etwas Butter in einer großen Pfanne zerlassen und Pfifferlinge darin portionsweise unter mehrmaligem Wenden anbraten.
7. Sahne und Brühe hinzugießen, unter Rühren zum Kochen bringen und die Sauce etwa 5 Minuten bei schwacher Hitze unter gelegentlichem Rühren leicht kochen lassen. Speisestärke mit Wasser anrühren und in die Sauce rühren. Die Sauce unter Rühren kurz aufkochen lassen und mit Salz und Pfeffer abschmecken.
8. Den Schweinebraten mit Kräuterkruste in Scheiben schneiden und mit der Pfifferlingssauce servieren.

Beilage: Semmelknödel.

ZUBEREITUNGSZEIT: 40 Minuten

GARZEIT: etwa 45 Minuten

PRO PORTION: E: 51 g, F: 35 g,
Kh: 7 g, kJ: 2301, kcal: 549, BE: 0,5

FÜR 12 PORTIONEN:
ZUTATEN:
24 dünne Schweineschnitzel
(je etwa 80 g) vom ausgelösten
Kotelettstück
1 Topf Salbei
1 Topf Thymian
24 dünne Scheiben Schinkenspeck
24 dünne Scheiben mittelalter
Gouda (in Größe der Schnitzel)
3 EL Rapsöl

AUSSERDEM:
24 Holzstäbchen

FÜR DIE SAUCE:
1,6 kg passierte Tomaten
(aus Dosen)
250 g Crème fraîche
125 ml trockener Rotwein
3 EL Tomatenmark
2 EL Weizenmehl
Salz
gemahlener Pfeffer

Fleischröllchen

Mit Alkohol ## mit Schinken-Salbei-Füllung

1. Schnitzel unter fließendem kalten Wasser abspülen, trocken tupfen, nebeneinander legen und etwas flach drücken. Salbei und Thymian abspülen und trocken tupfen. Die Blättchen von den Stängeln zupfen. Etwa die Hälfte der Kräuterblättchen für die Sauce beiseitelegen.
2. Den Backofen vorheizen.
Ober-/Unterhitze etwa 220 °C
Heißluft etwa 200 °C
3. Jedes Schnitzel mit einer Scheibe Schinkenspeck und Käse belegen. Die Kräuterblättchen mischen und darauf verteilen. Die Schnitzel von der schmalen Seite her aufrollen und mit Holzspießchen feststecken.
4. Einen großen, flachen Bräter mit dem Öl ausstreichen. Den Bräter auf dem Rost in den vorgeheizten Backofen schieben und etwa 5 Minuten erhitzen.
5. Die Fleischröllchen in den heißen Bräter legen. Den Bräter wieder auf dem Rost in den Backofen schieben und die Fleischröllchen **etwa 25 Minuten garen.** Dabei die Fleischröllchen nach etwa der Hälfte der Zeit wenden.

6. Für die Sauce passierte Tomaten mit Crème fraîche, Rotwein, Tomatenmark, Mehl und beiseitegestellten Kräuterblättchen verrühren. Sauce mit Salz und Pfeffer würzen und über die Fleischröllchen gießen. Den Bräter wieder in den Backofen schieben und **bei gleicher Backofeneinstellung weitere etwa 20 Minuten garen.**
7. Die Sauce vor dem Servieren nochmals mit Salz und Pfeffer abschmecken.

Beilage: Grüne oder weiße Bandnudeln oder ein frischer grüner Blattsalat.

Tipp: Anstelle der Schweineschnitzel können auch Kalbs- oder Hähnchenschnitzel verwendet werden.

ZUBEREITUNGSZEIT: 40 Minuten, ohne Abkühlzeit

PRO PORTION: E: 6 g, F: 30 g, Kh: 56 g, kJ: 2214, kcal: 529, BE: 4,5

FÜR 12 PORTIONEN:
ZUTATEN:
3 kg Äpfel
Schale und Saft von 2 Bio-Zitronen
250 ml Wasser
6 EL flüssiger Honig

60 g Butter
100 g kernige Haferflocken
100 g Sonnenblumenkerne
100 g gehobelte Haselnusskerne
100 g brauner Zucker
75 g Rosinen

600 g Schlagsahne
3 EL Zucker
¾ TL gemahlener Zimt

ZUM BESTREUEN:
etwas gemahlener Zimt

Apfel-Knusper-Kompott
mit Zimtsahne

Für Kinder – raffiniert

1. Äpfel schälen, vierteln, entkernen und in kleine Stücke schneiden. Zitronen heiß abwaschen, abtrocknen und die Schale abreiben. Zitronen halbieren und den Saft auspressen.
2. Die Apfelstücke mit Wasser, Honig, Zitronenschale und -saft in einem Topf zum Kochen bringen. Zugedeckt bei schwacher Hitze etwa 15 Minuten garen. Den Topf von der Kochstelle nehmen. Apfelkompott mit einem Schneebesen etwas durchschlagen, das Kompott soll noch stückig bleiben. Apfelkompott erkalten lassen.
3. Butter in einer großen Pfanne zerlassen. Haferflocken, Sonnenblumen-, Haselnusskerne und Zucker darin in 2 Portionen unter Rühren leicht anrösten, herausnehmen und in eine Schüssel geben. Rosinen unter die gesamte Knuspermischung rühren und erkalten lassen.

4. Sahne mit Zucker und Zimt steif schlagen. Apfelkompott mit der Knuspermischung und Zimtsahne in eine große Glasschüssel schichten. Die Oberfläche mit Zimt bestreuen.

Tipp: Unter die Zimtsahne 50 g Zartbitter-Raspelschokolade heben. Das Apfel-Knusper-Kompott nach Belieben in Gläser einschichten.

ZUBEREITUNGSZEIT: 40 Minuten, ohne Kühlzeit

PRO PORTION: E: 6 g, F: 18 g, Kh: 37 g, kJ: 1479, kcal: 353, BE: 3,0

FÜR 12 PORTIONEN:
ZUTATEN:
2 Blatt weiße Gelatine
1 Beutel aus 1 Pck. Götterspeise Zitronen-Geschmack
100 g Zucker
500 ml Apfelsaft, klar und 100 ml Weißwein oder
300 ml Wasser und 300 ml Weißwein
400 g kernlose, grüne Weintrauben
etwa 75 g Azora Kekse (Orangengebäck von Bahlsen)
4 Blatt weiße Gelatine
1 Beutel aus 1 Pck. Götterspeise Waldmeister-Geschmack

50 g Zucker
500 ml Wasser
250 ml Bourbon-Vanille-Sauce (aus dem Kühlregal)
200 g Schlagsahne

400 g Schlagsahne
2 Pck. Sahnesteif
1 TL Zucker
250 ml Bourbon-Vanille-Sauce (aus dem Kühlregal)

AUSSERDEM:
12 Trinkbecher (0,3 l, z. B. Plastik, klar)

Trauben-Götterspeise
mit Vanille-Waldmeister

Mit Alkohol

1. Gelatine nach Packungsanleitung einweichen. Götterspeise-Pulver mit Zucker, Apfelsaft und Wein oder Wasser und Wein verrühren und nach Packungsanleitung zubereiten. Eingeweichte Gelatine ausdrücken, unter Rühren in der heißen Götterspeise auflösen und erkalten lassen (Götterspeise soll noch flüssig bleiben).
2. Weintrauben waschen, gut abtropfen lassen, entstielen und halbieren (einige Weintraubenhälften zum Garnieren beiseitelegen). Die Weintraubenhälften in 12 Trinkbechern verteilen. Die erkaltete Götterspeisenflüssigkeit daraufgießen. Die Becher in den Kühlschrank stellen und die Götterspeise fest werden lassen. Die Kekse auf die Götterspeise legen.
3. Gelatine nach Packungsanleitung einweichen. Götterspeise-Pulver mit Zucker und Wasser verrühren und nach Packungsanleitung zubereiten. Eingeweichte Gelatine ausdrücken, unter Rühren in der heißen Götterspeise auflösen und erkalten lassen (Götterspeise soll noch flüssig bleiben).

4. Vanille-Sauce und die flüssige Sahne unter die Waldmeister-Götterspeise rühren und auf die Kekse gießen, sodass sie bedeckt sind. Die Becher wieder in den Kühlschrank stellen und die Götterspeisenmasse fest werden lassen.
5. Sahne mit Sahnesteif und Zucker steif schlagen. Vanille-Sauce unterheben. Die Vanille-Sahne auf die fest gewordene Götterspeisencreme geben.
6. Die Trauben-Götterspeise mit den beiseitegelegten Weintraubenhälften garnieren.

Tipp: Die Götterspeise kann auch in 2 Glasschüsseln zubereitet werden.

ZUBEREITUNGSZEIT: 40 Minuten, ohne Kühlzeit

PRO PORTION: E: 10 g, F: 20 g, Kh: 24 g, kJ: 1364, kcal: 325, BE: 2,0

FÜR 12 PORTIONEN:
ZUTATEN:
FÜR DIE DUNKLE CREME:
2 Pck. Mousse au Chocolat Fein herb
400 ml Milch
200 g Schlagsahne
50 g Zartbitter-Raspelschokolade

FÜR DIE HELLE CREME:
7 Blatt weiße Gelatine
175 g Fruchtaufstrich Aprikose
150 ml Milch
500 g Speisequark (20 % Fett)
2 Pck. Dr. Oetker Bourbon-Vanille-Zucker
300 g Schlagsahne

ZUM BESTÄUBEN UND GARNIEREN:
Kakaopulver
Puderzucker
2 EL Zartbitter-Raspelschokolade

AUSSERDEM:
1 Streifen Alufolie

Domino-Dessert

Für Kinder

1. Für die dunkle Creme aus Mousse-au-Chocolat-Pulver, Milch und Sahne eine Creme nach Packungsanleitung zubereiten. Raspelschokolade unterrühren. 2 Esslöffel der Creme beiseitestellen (nicht kalt stellen). Restliche Creme etwa 15 Minuten kalt stellen.
2. Die Hälfte einer länglichen Schale mit der Creme füllen. Einen Streifen Alufolie davorlegen. Die Creme etwa 30 Minuten kalt stellen.
3. In der Zwischenzeit für die helle Creme Gelatine nach Packungsanleitung einweichen.
4. Den Fruchtaufstrich mit Milch in einem Topf unter Rühren zum Kochen bringen. Den Topf von der Kochstelle nehmen. Eingeweichte Gelatine ausdrücken und in der heißen Milchflüssigkeit unter Rühren auflösen, erkalten lassen.
5. Quark und Vanille-Zucker unterrühren. Sahne steif schlagen und unter die Quarkmasse heben. Von der Creme 2 Esslöffel abnehmen und beiseitestellen. Restliche Creme in die andere Hälfte der Schale füllen, zuvor den Alufolienstreifen entfernen.

6. Die beiseitegestellte dunkle und helle Creme in Form von Tropfen auf die helle und dunkle Creme geben (dunkle Creme – helle Tropfen, helle Creme – dunkle Tropfen).
7. Die Schale etwa 1 Stunde kalt stellen und die Creme fest werden lassen.
8. Zum Bestäuben und Garnieren das Domino-Dessert mit Kakao und Puderzucker bestäuben und mit Raspelschokolade garnieren.

Tipp: Domino-Dessert nach Belieben in Portions-Glasschalen zubereiten.

ZUBEREITUNGSZEIT: 45 Minuten, ohne Kühlzeit

PRO PORTION: E: 7 g, F: 23 g, Kh: 35 g, kJ: 1670, kcal: 399, BE: 3,0

FÜR 10–12 PORTIONEN:
ZUTATEN:
FÜR DIE ERDBEERCREME:
6 Blatt weiße Gelatine
750 g Erdbeeren
75 g Puderzucker
1 Bio-Zitrone
175 ml Weißwein
1 EL Zitronensaft

etwa 150 g Löffelbiskuits

FÜR DIE MASCARPONECREME:

6 Blatt weiße Gelatine
250 ml Milch
100 g Zucker
1 Pck. Dr. Oetker Bourbon-Vanille-Zucker
3 Eigelb (Größe M)
500 g Mascarpone
(italienischer Frischkäse)

ZUM GARNIEREN UND BESTÄUBEN:
250 g Erdbeeren
einige vorbereitete Minze- oder Zitronenmelisseblättchen
Puderzucker

Erdbeer-Mascarpone-
Schichtspeise

Mit Alkohol

1. Für die Erdbeercreme Gelatine nach Packungsanleitung einweichen. Erdbeeren putzen, waschen, gut abtropfen lassen und entstielen. 300 g Erdbeeren halbieren und beiseitelegen.
2. Die restlichen Erdbeeren mit Puderzucker in einen hohen Rührbecher geben und mit einem Stabmixer pürieren. Erdbeerpüree in einen Topf geben.
3. Zitrone heiß abwaschen, abtrocknen und die Schale abreiben. Zitrone halbieren, den Saft auspressen und einen Esslöffel Saft abmessen. Wein, Zitronenschale und -saft zum Erdbeerpüree in den Topf geben und unter Rühren bei mittlerer Hitze aufkochen lassen. Den Topf von der Kochstelle nehmen.
4. Eingeweichte Gelatine gut ausdrücken, zu dem Erdbeerpüree geben und unter Rühren auflösen. Jeweils etwas von dem Erdbeerpüree in 2 Glasschüsseln füllen, in den Kühlschrank stellen und fest werden lassen.
5. Die beiseitegelegten Erdbeerhälften jeweils auf die fest gewordene Erdbeercreme legen. Das restliche Erdbeerpüree darauf verteilen. Die Schüsseln wieder in den Kühlschrank stellen und die Creme fest werden lassen. Die Erdbeercreme mit Löffelbiskuits belegen.

6. Für die Mascarponecreme Gelatine nach Packungsanleitung einweichen. Milch, Zucker, Vanille-Zucker und Eigelb in einen Topf geben und mit einem Schneebesen bei schwacher Hitze so lange rühren, bis eine Kochblase aufsteigt. Den Topf von der Kochstelle nehmen. Eingeweichte Gelatine gut ausdrücken und in der Milchflüssigkeit unter Rühren auflösen. Die Masse erkalten lassen (Masse soll noch flüssig bleiben).
7. Mascarpone mit einem Schneebesen in 4 Portionen unter die kalt gewordene Milchflüssigkeit rühren. Jeweils die Hälfte der Creme auf die Löffelbiskuits geben und gleichmäßig verteilen. Die Schüsseln wieder in den Kühlschrank stellen. Die Mascarpone-Schichtspeise etwa 2 Stunden kalt stellen und fest werden lassen.
8. Zum Garnieren und Bestäuben Erdbeeren waschen, gut abtropfen lassen, entstielen und halbieren. Erdbeerhälften auf die Mascarponecreme geben. Mit Minze- oder Zitronenmelisseblättchen garnieren und mit Puderzucker bestäuben.

Tipp: Für Kinder statt Weißwein Orangensaft verwenden.

ZUBEREITUNGSZEIT: 35 Minuten, ohne Kühlzeit

PRO PORTION: E: 6 g, F: 25 g, Kh: 29 g, kJ: 1564, kcal: 374, BE: 2,5

FÜR 12 PORTIONEN:
ZUTATEN:
1 kg saure Sahne
6 EL Zitronensaft
375 ml heller Traubensaft
10 Blatt weiße Gelatine
600 g Schlagsahne
je 500 g kernlose, grüne und blaue Weintrauben
100 g Haselnuss-Krokant

Trauben-Krokant-Creme

Raffiniert – einfach

1. Saure Sahne mit Zitronen- und Traubensaft in einer Rührschüssel gut verrühren. Gelatine nach Packungsanleitung einweichen. Gelatine leicht ausdrücken und in einem kleinen Topf unter Rühren bei schwacher Hitze auflösen. Gelatine mit 3–4 Esslöffeln der Saure-Sahne-Masse verrühren, dann unter die restliche Saure-Sahne-Masse rühren, kalt stellen. Sahne steif schlagen. Sobald die Saure-Sahne-Masse anfängt dicklich zu werden, Sahne unterheben.
2. Weintrauben waschen, trocken tupfen, entstielen und halbieren. Einige Weintraubenhälften zum Garnieren beiseitelegen. Weintrauben mit Krokant (etwas Krokant beiseitelegen) mischen, in Dessertgläser füllen. Saure-Sahne-Creme darauf verteilen. Mit beiseitegelegtem Krokant, Weintrauben und abgespülten, trocken getupften Zitronenmelisseblättchen garnieren.

Tipp: Sie können auch die Weintraubenhälften (einige zum Garnieren beiseitestellen) mit Krokant unter die Saure-Sahne-Creme heben und in eine große Glasschüssel füllen. Die Trauben-Krokant-Creme mit den beiseitegelegten Weintraubenhälften garnieren und kalt stellen.

ZUBEREITUNGSZEIT: 40 Minuten, ohne Kühlzeit

PRO PORTION: E: 14 g, F: 33 g, Kh: 73 g, kJ: 2885, kcal: 689, BE: 6,0

FÜR 12 PORTIONEN:
ZUTATEN:
1110 g Sauerkirschen
(aus Gläsern)
etwa 80 g Speisestärke
6 TL flüssiger Honig
125 ml Amaretto (Mandellikör)

500 g Mascarpone (italienischer Frischkäse)
750 g Magerquark
300 g gesiebter Puderzucker

12 Blatt weiße Gelatine
150 g Zartbitter-Schokolade
(etwa 50 % Kakaoanteil)
400 g Schlagsahne
Kakaopulver
vorbereitete Zitronenmelisse-blättchen

Stracciatella-Creme
mit Kirschen

Mit Alkohol

1. Sauerkirschen auf einem Sieb abtropfen lassen, dabei den Saft auffangen. Die Speisestärke mit etwas von dem Kirschsaft anrühren. Restlichen Kirschsaft mit Honig in einem Topf zum Kochen bringen.

2. Angerührte Speisestärke in den von der Kochstelle genommenen Kirschsaft rühren und unter Rühren aufkochen lassen. Den Topf von der Kochstelle nehmen. Sauerkirschen und Amaretto unterrühren. Die Kirschmasse kalt stellen.

3. Mascarpone mit Quark und Puderzucker in einer Rührschüssel gut verrühren. Gelatine nach Packungsanleitung einweichen. Eingeweichte Gelatine leicht ausdrücken und in einem kleinen Topf unter Rühren bei schwacher Hitze auflösen.

4. Gelatine mit 3–4 Esslöffeln der Quarkmasse verrühren, dann unter die restliche Quarkmasse rühren. Schokolade raspeln. Sahne steif schlagen. Schokoladenraspel und Sahne unter die Quarkmasse rühren. Die Stracciatella-Creme kalt stellen.

5. Die marinierten Kirschen auf einer großen Platte anrichten. Die Stracciatella-Creme daraufgeben und wellenartig verstreichen. Die Oberfläche dick mit Kakao bestäuben. Mit abgespülten und trocken getupften Zitronen-melisseblättchen garnieren.

Tipp: Die marinierten Kirschen auf einer großen Platte anrichten. Von der Stracciatella-Creme mit einem Esslöffel Nocken abstechen und auf den Kirschen verteilen. Mit Kakao bestäubt und mit abgespülten, trocken getupften Zitronenmelisseblättchen garniert servieren.

ZUBEREITUNGSZEIT: 35 Minuten, ohne Abkühlzeit

BACKZEIT: etwa 15 Minuten je Fettpfanne

PRO PORTION: E: 12 g, F: 16 g, Kh: 55 g, kJ: 1752, kcal: 418, BE: 4,5

FÜR 12 PORTIONEN:
ZUTATEN:
1 kg gemischte Beeren (frisch oder TK)
6 EL Zucker
250 ml Apfelsaft
1 Stange Zimt
1 Pck. Dr. Oetker Pudding-Pulver Vanille-Geschmack

100 g Butter oder Margarine
500 g Weizenmehl
50 g Zucker
½ TL Salz
1 l Vollmilch
8 Eier (Größe M)

Butter oder Margarine für die Fettpfanne

ZUM BESTÄUBEN:
Puderzucker

Berg und Tal

Raffiniert

1. Frische Beeren verlesen, abspülen, abtropfen lassen und entstielen. Frische oder gefrorene Beeren, Zucker, 200 ml Apfelsaft und die Zimtstange in einem Topf verrühren und aufkochen lassen. Pudding-Pulver mit dem restlichen Apfelsaft anrühren. Angerührtes Pudding-Pulver in die Beerenmasse rühren und unter vorsichtigem Rühren kurz aufkochen lassen. Beerenkompott in eine Schüssel füllen und erkalten lassen.

2. Den Backofen vorheizen.
Ober-/Unterhitze etwa 240 °C
Heißluft etwa 220 °C

3. Butter oder Margarine zerlassen und etwas abkühlen lassen. Mehl, Zucker und Salz in einer großen Rührschüssel mischen. Zerlassene Butter oder Margarine, Milch und Eier hinzugeben. Die Zutaten mit einem Mixer (Rührstäbe) kurz zu einem glatten Teig verrühren. Die Hälfte des Teiges in einer Fettpfanne (30 x 40 cm, dünn mit Butter oder Margarine gefettet) verteilen.

4. Die Fettpfanne in den vorgeheizten Backofen schieben. Das Gebäck in **etwa 15 Minuten goldbraun backen.** Während der Backzeit die Backofentür nicht öffnen!

5. Fettpfanne aus dem Backofen nehmen. Gebäck leicht abkühlen lassen, in Portionsstücke schneiden und auf einer Platte anrichten. Gebäckstücke mit Puderzucker bestäuben. Restlichen Teig auf die gleiche Weise backen, in Portionsstücke schneiden und anrichten. Das Gebäck möglichst frisch mit dem Beerenkompott servieren.

Tipp: Sie können zu den Biskuitstückchen auch eine fertige Fruchtgrütze, z. B. aus dem Kühlregal reichen. Sie können den Teig auch in 2 Fettpfannen verteilen und zusammen bei Heißluft: etwa 200 °C in den vorgeheizten Backofen schieben und backen.

ZUBEREITUNGSZEIT: 30 Minuten, ohne Abkühl- und Durchziehzeit

PRO PORTION: E: 7 g, F: 6 g, Kh: 57 g, kJ: 1299, kcal: 311, BE: 4,5

FÜR 12 PORTIONEN:
ZUTATEN:
1 ½ kg säuerliche Äpfel, z. B. Boskop
Schale und Saft von 1 Bio-Zitrone
1 Stange Zimt
1–2 EL Zucker
1 Pck. Dr. Oetker Vanillin-Zucker
450 g Pflaumenmus (aus dem Glas)
evtl. 5 EL Mandellikör oder 4–5 EL Wasser
1 kg Vanille-Quarkcreme (aus dem Kühlregal)
1 Pck. (225 g) Zwieback, z. B. Vanille-Zwieback

Apfel-Zwetschen-Schichtspeise

Preiswert – gut vorzubereiten

1. Äpfel schälen, halbieren und entkernen. Apfelhälften in Stücke schneiden. Zitrone heiß abwaschen, abtrocknen und die Schale dünn spiralförmig abschneiden. Zitrone halbieren und den Saft auspressen.
2. Apfelstücke mit 100 ml Wasser, Zitronenschale, -saft, Zimtstange, Zucker und Vanillin-Zucker in einem Topf mischen und bei mittlerer Hitze zum Kochen bringen. Apfelstücke etwa 5 Minuten kochen lassen, bis sie leicht zerfallen. Den Topf von der Kochstelle nehmen. Apfel-kompott abkühlen lassen. Zimtstange und Zitronenschale entfernen.
3. Pflaumenmus mit Likör oder Wasser glatt rühren. Apfelkompott, Pflaumenmus, Vanille-Quarkcreme und Zwiebäcke abwechselnd in eine Dessert-Glasschüssel schichten. Die letzte Schicht sollte aus Vanille-Quarkcreme bestehen. Apfel-Zwetschen-Schichtspeise mit Frischhalte-folie zugedeckt mindestens 2 Stunden durchziehen lassen.

Tipp: Wenn Kinder mitessen, statt Likör Sirup verwenden. Statt Pflaumenmus können Sie auch ein Glas ihrer Lieblings-Konfitüre, z. B. Erdbeere oder Kirsche für dieses Rezept verwenden. Nach Belieben mit abgespülten und trocken getupften Zitronenmelisseblättchen garnieren.

ZUBEREITUNGSZEIT: 50 Minuten, ohne Kühl- und Durchziehzeit

PRO PORTION: E: 6 g, F: 26 g, Kh: 34 g, kJ: 1707, kcal: 408, BE: 3,0

FÜR 10–12 PORTIONEN:
ZUTATEN:
FÜR DIE LIMETTENCREME:
8 Blatt weiße Gelatine
2 Bio-Limetten
75 ml Limettensaft
150 g brauner Zucker (Rohrzucker)
1 kg Griechischer Joghurt (10 % Fett)
500 g Schlagsahne
40 g Puderzucker
1 Pck. Dr. Oetker Vanillin-Zucker
evtl. 2–3 EL weißer Rum

FÜR DEN ZITRUSSALAT:
1 Mango
1 Papaya
1 Orange
1 Pink Grapefruit
etwa 250 g Ananas-Fruchtfleisch (von ½ Ananas)
50 g Kapstachelbeeren
1 Karambole (Sternfrucht)
2 EL grob gehackte Zitronenmelisse

50 g Kokosraspel
Zitronenmelisseblättchen

Limettencreme
mit Zitrussalat

Mit Alkohol

1. Für die Creme Gelatine nach Packungsanleitung einweichen. Limetten heiß abwaschen, abtrocknen und die Schale abreiben. Limettenschale in eine große Rührschüssel geben. Limetten halbieren, den Saft auspressen und 75 ml abmessen. Limettensaft mit Zucker in einem Topf verrühren und den Zucker bei mittlerer Hitze schmelzen. Den Topf von der Kochstelle nehmen.

2. Eingeweichte Gelatine ausdrücken, zu der Zuckerlösung geben und unter Rühren auflösen. Die Gelatine-Zucker-Lösung zu der Limettenschale in die Rührschüssel geben. Joghurt in 2 Portionen unterrühren. Sahne mit Puderzucker und Vanillin-Zucker steif schlagen und ebenfalls in 2 Portionen unter die Joghurtmasse heben. Nach Belieben Rum unterrühren.

3. Die Limettencreme in 2 Glasschüsseln verteilen und mit Frischhaltefolie zugedeckt 2–3 Stunden im Kühlschrank fest werden lassen.

4. Für den Zitrussalat Mango und Papaya in der Mitte längs durchschneiden. Aus der Mango den Stein herausnehmen. Papayahälften entkernen. Mango- und Papayahälften schälen und in Würfel schneiden. Orange und Grapefruit so schälen, dass die weiße Haut vollständig entfernt wird. Zitrusfrüchte filetieren. Filets halbieren.

5. Ananas-Fruchtfleisch in Stücke schneiden. Kapstachelbeeren enthäuten und in dicke Scheiben schneiden (eventuell halbieren). Karambole waschen, trocken tupfen, in dünne Scheiben schneiden. Die vorbereiteten Früchte mit der Zitronenmelisse in eine Schüssel geben und gut vermischen. Den Salat mit Frischhaltefolie zugedeckt im Kühlschrank etwa 1 Stunde durchziehen lassen.

6. Die Limettencreme kurz vor dem Servieren mit Kokosraspeln bestreuen. Den Zitrussalat mit Melisseblättchen garniert dazureichen.

Tipp: Aus der Limettencreme mit einem Löffel Nocken abstechen und auf Tellern verteilen. Den Zitrussalat in Gläsern angerichtet dazureichen.

ZUBEREITUNGSZEIT: 45 Minuten, ohne Auftau- und Kühlzeit

PRO PORTION: E: 3 g, F: 10 g, Kh: 36 g, kJ: 1042, kcal: 248, BE: 3,0

FÜR 10–12 PORTIONEN:
ZUTATEN:
ZUM VORBEREITEN FÜR DEN FRUCHTPUDDING:
300 g TK-Beerenfrüchte
75 g Zucker

FÜR DEN SCHOKOLADEN-PUDDING:
1 Pck. Gala Schokoladen-Pudding-Pulver
450 ml Milch
75 g Zucker

FÜR DEN VANILLEPUDDING:
2 Stangen Zitronengras
300 ml Milch
1 Pck. Dr. Oetker Pudding-Pulver Vanille-Geschmack
40 g Zucker
250 g Schlagsahne

FÜR DEN FRUCHTPUDDING:
1 Stck. Stangenzimt
150 ml Apfelsaft oder Wasser
1 Pck. Dr. Oetker Bourbon-Vanille-Zucker
1 Pck. Rote Grütze Pudding-Pulver Himbeer-Geschmack
25 g Zucker
100 ml Apfelsaft oder Wasser

Gewürzter Schichtpudding

Titelrezept
Raffiniert

1. Zum Vorbereiten Beerenfrüchte mit dem Zucker nach Packungsanleitung auftauen lassen.

2. Für den Schokoladenpudding aus Pudding-Pulver, Milch und Zucker einen Pudding nach Packungsanleitung (aber nur mit 450 ml Milch) zubereiten. Den Pudding in 2 Glasschüsseln verteilen und etwa 15 Minuten bei Zimmertemperatur abkühlen lassen.

3. Für den Vanillepudding Zitronengras abspülen, trocken tupfen, eventuell mit einem Topf flach klopfen und halbieren. Milch mit Zitronengras in einem Topf zum Kochen bringen. Den Topf von der Kochstelle nehmen. Zitronengras etwa 15 Minuten in der Milch durchziehen lassen, dann herausnehmen.

4. Pudding-Pulver mit Zucker und Sahne anrühren. Die Zitronenmilch wieder zum Kochen bringen. Angerührtes Pudding-Pulver in die von der Kochstelle genommene Zitronenmilch rühren und unter Rühren aufkochen lassen. Die Puddingmasse vorsichtig auf dem Schokoladenpudding verteilen und ebenfalls etwa 15 Minuten bei Zimmertemperatur abkühlen lassen.

5. Für den Fruchtpudding aufgetaute Beerenfrüchte mit Zimtstange und Apfelsaft oder Wasser in einem Topf unter gelegentlichem Rühren zum Kochen bringen und etwa 5 Minuten bei schwacher Hitze kochen lassen. Zimtstange entfernen. Vanille-Zucker mit Pudding-Pulver, Zucker und Apfelsaft oder Wasser anrühren. Angerührtes Pudding-Pulver in die von der Kochstelle genommene Fruchtmasse rühren, unter Rühren aufkochen lassen. Den Fruchtpudding vorsichtig auf den Vanillepudding geben und erkalten lassen.

6. Die Glasschüsseln mit Frischhaltefolie zugedeckt 2–3 Stunden in den Kühlschrank stellen. Schichtpudding fest werden lassen.

Tipp: Den Schichtpudding in drei mit Wasser ausgespülten Sturzformen (etwa ¾–Liter-Inhalt) zubereiten. Vor dem Servieren aus den Formen stürzen. Eine Vanille-Sauce aus dem Kühlregal dazureichen.

ZUBEREITUNGSZEIT: 20 Minuten, ohne Kühlzeit

PRO PORTION: E: 4 g, F: 12 g, Kh: 37 g, kJ: 1201, kcal: 286, BE: 3,0

FÜR 12 PORTIONEN:
ZUTATEN:
110 g Cranberries (aus dem Glas) oder Preiselbeeren in Flüssigkeit, stark gezuckert
750 g Apfelkompott (aus dem Glas)
400 g Schlagsahne
2 Pck. Sahnesteif
1 Pck. Dr. Oetker Vanillin-Zucker

50 ml Mandellikör oder -sirup
125 g Amarettini (italienische Mandelmakronen)
200 g Löffelbiskuits
einige Zitronenmelisseblättchen

Apfel-Sahne-Traum

Schnell – gut vorzubereiten – mit Alkohol

1. Cranberries oder Preiselbeeren auf einem Sieb abtropfen lassen. Cranberries oder Preiselbeeren und Apfelkompott in einer Schüssel mischen.
2. Sahne mit Sahnesteif und Vanillin-Zucker steif schlagen. Likör oder Sirup unter die Sahne heben. Amarettini grob zerbröseln.
3. Eine große Glasschale mit der Hälfte der Löffelbiskuits auslegen. Die Hälfte der Amarettinibrösel daraufstreuen. Die Sahne locker unter das Apfel-Beeren-Kompott heben.
4. Die Hälfte davon auf den Löffelbiskuits in der Schüssel verstreichen. Restliche Löffelbiskuits und Amarettinibrösel daraufgeben. Restliche Apfel-Beeren-Sahne darauf verteilen. Apfel-Sahne-Traum mit Frischhaltefolie zugedeckt etwa 1 Stunde kalt stellen.
5. Apfel-Sahne-Traum mit abgespülten und trocken getupften Zitronenmelisseblättchen garnieren.

Tipp: Probieren Sie dieses Dessert auch mit einem Apfel-Sanddorn-Kompott oder Apfel-Mango-Püree (jeweils aus dem Glas). Statt der Cranberries können Sie auch Rosinen oder Rum-Rosinen verwenden. Im Sommer können Sie das Dessert durch Limetten- oder Zitronensirup oder Kokos-sirup bzw. -likör rasch raffiniert variieren und ein extra frisches Aroma zaubern.

ZUBEREITUNGSZEIT: 45 Minuten, ohne Kühlzeit

BACKZEIT: 35–40 Minuten

PRO PORTION: E: 7 g, F: 33 g, Kh: 70 g, kJ: 2612, kcal: 625, BE: 6,0

FÜR 8 PORTIONEN:
ZUTATEN:
FÜR DIE STREUSEL:
200 g Butter
40 g gemahlene Mandeln
250 g Weizenmehl
150 g brauner Zucker
½ TL Salz

1 kg Sauerkirschen
60 g Zartbitter-Schokolade (etwa 50 % Kakaoanteil)
250 ml Kirschsaft
2 TL gemahlener Piment
2 gestr. EL Speisestärke
150 g Crème fraîche
6–8 EL Puderzucker
4 EL Kirschwasser

AUSSERDEM:
8 feuerfeste Förmchen, Bowls oder Gläser (je etwa 250 ml Inhalt)

Schoko-Kirsch-Crumble

Mit Alkohol

1. Für die Streusel Butter zerlassen. Mandeln, Mehl, 50 g Zucker, Salz und die warme, zerlassene Butter in eine Rührschüssel geben. Die Zutaten mit einem Mixer (Rührstäbe) zu Streuseln von gewünschter Größe verarbeiten. Die Teigstreusel etwa 30 Minuten kalt stellen.
2. Kirschen abspülen, abtropfen lassen, entstielen und entsteinen. Schokolade fein hacken.
3. Den Backofen vorheizen.
Ober-/Unterhitze etwa 180 °C
Heißluft etwa 160 °C
4. Kirschsaft mit Piment und restlichem Zucker in einem Topf zum Kochen bringen. Speisestärke mit etwas Wasser anrühren, in den Kirschsaft rühren und unter Rühren aufkochen lassen. Den Topf von der Kochstelle nehmen. Schokolade hinzugeben und unter Rühren schmelzen. Kirschen unterrühren.

5. Das Kirschkompott in 8 Förmchen, Bowls oder Gläser bis etwa 2 cm unter dem Rand füllen. Die Streusel darauf verteilen (Streusel können über die Förmchen, Bowls oder Gläser ragen). Die Förmchen, Bowls oder Gläser auf dem Rost in den vorgeheizten Backofen schieben. Die Crumbles **35–40 Minuten goldbraun backen.**
6. Crème fraîche mit 4 Esslöffeln Puderzucker und Kirschwasser glatt rühren. Crumbles mit restlichem Puderzucker bestäuben und mit Crème fraîche servieren.

Tipp: Statt der frischen Sauerkirschen können Sie 750 g Sauerkirschen (aus dem Glas) verwenden. Den Saft für das Kompott verwenden, evtl. weniger Zucker nehmen.

ZUBEREITUNGSZEIT: 45 Minuten, ohne Kühlzeit

PRO STÜCK: E: 6 g, F: 15 g, Kh: 24 g, kJ: 1075, kcal: 257, BE: 2,0

FÜR 15 STÜCKE:
ZUTATEN:
FÜR DIE MASCARPONECREME:
2 Bio-Zitronen
5 Blatt weiße Gelatine
3 Eigelb (Größe M)
80 g Zucker
3 Eiweiß (Größe M)
500 g Mascarpone
(ital. Frischkäse, zimmerwarm)

AUSSERDEM:
60 ml Wasser
2 EL Puderzucker
300 g Löffelbiskuits
1 Bio-Zitrone
etwas Puderzucker

Zitronentiramisu-Schnitten

Zum Vorbereiten

1. Für die Mascarponecreme die Zitronen heiß abwaschen und abtrocknen. Die Schale fein abreiben, Zitronen halbieren und den Saft auspressen. Gelatine nach Packungsanleitung einweichen.

2. Eigelb mit 40 g Zucker in einer Edelstahlschüssel im heißen Wasserbad mit einem Schneebesen dick-schaumig aufschlagen. Die Schüssel aus dem Wasserbad nehmen. Gelatine leicht ausdrücken und in der Eigelbmasse unter Rühren auflösen.

3. Eiweiß mit dem restlichen Zucker steif schlagen. Mascarpone mit der Zitronenschale in einer Rührschüssel glatt rühren. Zunächst die Eigelbmasse, dann den Eischnee mit einem Schneebesen vorsichtig unter die Mascarponecreme heben.

4. Wasser mit Zitronensaft und Puderzucker glatt rühren. Eine Kastenform (30 x 11 cm) mit Frischhaltefolie auslegen. Den Boden und den Rand der Kastenform mit Löffelbiskuits auslegen. Die Löffelbiskuits mit etwa einem Drittel der Wasser-Zitronensaft-Mischung beträufeln.

5. Die Mascarponecreme in 3 gleich große Portionen teilen. 1 Portion der Mascarponecreme in die Form geben, glatt streichen und mit einer Schicht Löffelbiskuits belegen. Die Löffelbiskuits mit etwas Wasser-Zitronensaft-Mischung beträufeln. 1 weitere Portion Mascarponecreme auf die Löffelbiskuitschicht geben. Creme vorsichtig glatt streichen und mit restlichen Löffelbiskuits belegen. Die Löffelbiskuits mit der restlichen Wasser-Zitronensaft-Mischung beträufeln. Das Tiramisu zugedeckt etwa 4 Stunden in den Kühlschrank stellen. Restliche Mascarponecreme zugedeckt in den Kühlschrank stellen.

6. Das Zitronentiramisu vorsichtig aus der Form auf eine Kuchenplatte stürzen, die Frischhaltefolie entfernen. Von der restlichen Mascarponecreme mit einem Teelöffel Nocken abstechen und auf dem Zitronentiramisu verteilen.

7. Zitrone heiß abwaschen, abtrocknen und in dünne Scheiben schneiden. Die Zitronenscheiben halbieren. Die Zitronentiramisu-Schnitten mit Puderzucker bestäuben und mit Zitronenscheibenhälften garnieren.

Hinweis: Nur ganz frische Eier verwenden, die nicht älter als 5 Tage sind (Legedatum beachten). Die Zitronentiramisu-Schnitten im Kühlschrank aufbewahren und innerhalb von 24 Stunden verzehren.

ZUBEREITUNGSZEIT: 40 Minuten, ohne Kühlzeit

PRO STÜCK: E: 4 g, F: 19 g, Kh: 33 g, kJ: 1327, kcal: 317, BE: 3,0

FÜR 20 STÜCKE:
ZUTATEN:
FÜR DIE SCHOKOLADENSAHNE:
550 g weiße Kuvertüre
250 g Schlagsahne
200 g getrocknete Früchte,
z. B. Mango, Papaya und Ananas

300 g Butterkekse
4 EL Kokosraspel
100 g Physalis (Kapstachelbeeren)

Kalter Hund in Weiß

Zum Vorbereiten

1. Für die Schokoladensahne die Kuvertüre in Stücke hacken. Sahne in einen Topf geben und unter Rühren aufkochen lassen. Den Topf von der Kochstelle nehmen, Kuvertürestücke zu der heißen Sahne geben und unter Rühren darin auflösen. Die Schokoladensahne auf Zimmertemperatur abkühlen lassen.

2. Die getrockneten Früchte in grobe Stücke hacken. Die Schokoladensahne mit einem Schneebesen gut durchrühren. 3–4 Esslöffel von der Schokoladensahne in eine Kastenform (25 x 11 cm, mit Frischhaltefolie ausgelegt) geben, glatt streichen.

3. Die Schokoladensahne mit einer Schicht aus Butterkeksen belegen, die Butterkekse dafür evtl. mit einem Sägemesser zurechtschneiden oder zerbrechen.

4. Die Butterkeksschicht mit 1 Esslöffel Kokosraspel bestreuen und wieder mit 3–4 Esslöffeln Schokoladensahne bestreichen. Dann mit einer weiteren Schicht aus Butterkeksen belegen, mit 1 Esslöffel Kokosraspel bestreuen und wieder mit 3–4 Esslöffeln Schokoladensahne bestreichen.

5. Dann die Hälfte der getrockneten Fruchtstückchen und 1 Esslöffel Kokosraspel auf die Schokoladensahne streuen und mit einem Löffel leicht andrücken.

6. Anschließend wieder 3–4 Esslöffel Schokoladensahne in die Kastenform geben und vorsichtig auf der Fruchtschicht verstreichen. Die Schokoladensahne mit einer Schicht aus Butterkeksen belegen, mit der restlichen Schokoladensahne bestreichen und mit den restlichen getrockneten Fruchtstückchen und 1 Esslöffel Kokosraspel bestreuen. Die Frucht-Kokos-Schicht wieder mit einem Löffel leicht andrücken und mit den restlichen Butterkeksen belegen.

7. Kalten Hund mit Frischhaltefolie zudecken und mindestens 6 Stunden in den Kühlschrank stellen.

8. Den Kalten Hund vorsichtig aus der Form auf eine Kuchenplatte stürzen. Die Frischhaltefolie entfernen. Den Kalten Hund mit den restlichen Kokosraspeln bestreuen und mit abgespülten und trocken getupften Physalis garnieren.

ZUBEREITUNGSZEIT: 35 Minuten, ohne Kühlzeit

PRO STÜCK: E: 6 g, F: 7 g, Kh: 21 g, kJ: 777, kcal: 186, BE: 2,0

FÜR 15 STÜCKE:
ZUTATEN:
200 g Löffelbiskuits
100 g Butter
300 g frische oder TK-Heidelbeeren
7 Blatt weiße Gelatine
250 g Magerquark
500 g Dickmilch
1 Pck. Dr. Oetker Finesse Geriebene Zitronenschale
3 Eiweiß (Größe M)
120 g Zucker
50 g vorbereitete, frische Heidelbeeren
evtl. einige vorbereitete Minzeblättchen

Heidelbeer-Mousse-Charlotte

Leichter Genuss

1. 15 Löffelbiskuits halbieren und beiseitelegen. Restliche Löffelbiskuits in einen Gefrierbeutel geben. Den Beutel fest verschließen. Die Löffelbiskuits mit einer Teigrolle fein zerbröseln und in eine Rührschüssel geben. Die Butter in einem kleinen Topf zerlassen und zu den Bröseln geben. Die Zutaten gut vermischen.

2. Die Bröselmasse in eine Springform (Ø 26 cm, Boden gefettet, mit Backpapier belegt) geben und mit einem Löffel fest zu einem Boden andrücken. Die halbierten Löffelbiskuits mit der Schnittfläche nach unten und dem Zuckerrand nach außen an den Springformrand stellen. Den Bröselboden zugedeckt in den Kühlschrank stellen.

3. Frische Heidelbeeren verlesen, kurz abspülen und gut abtropfen lassen. Die TK-Heidelbeeren nicht auftauen lassen.

4. Die Gelatine nach Packungsanleitung einweichen. Den Quark mit der Dickmilch und der Zitronenschale in einer Schüssel glatt rühren. Die Gelatine leicht ausdrücken und in einem kleinen Topf bei schwacher Hitze unter Rühren auflösen. Die aufgelöste Gelatine zunächst mit etwa 4 Esslöffeln von der Quark-Dickmilch-Masse verrühren, danach unter die restliche Quark-Dickmilch-Masse rühren.

5. Eiweiß mit Zucker steif schlagen. Zunächst den Eischnee, dann die Heidelbeeren (TK-Heidelbeeren gefroren) unter die Quark-Dickmilch-Masse heben. Die Heidelbeer-Mousse auf den Bröselboden geben und glatt streichen. Die Charlotte zugedeckt mindestens 4 Stunden in den Kühlschrank stellen.

6. Die Charlotte vorsichtig aus der Springform lösen und auf eine Tortenplatte setzen. Die Charlotte mit Heidelbeeren und nach Belieben mit einigen Minzeblättchen garnieren.

Hinweis: Nur ganz frisches Eiweiß verwenden, das nicht älter als 5 Tage ist (Legedatum beachten). Die Heidelbeer-Mousse-Charlotte im Kühlschrank aufbewahren und innerhalb von 24 Stunden verzehren.

ZUBEREITUNGSZEIT: 50 Minuten,
ohne Durchziehzeit

PRO PORTION: E: 9 g, F: 22 g,
Kh: 60 g, kJ: 2124, kcal: 506,
BE: 5,0

FÜR 12 PORTIONEN:
ZUTATEN:
500 g Cantuccini
(ital. Mandelgebäck)
125 ml starker Kaffee
(Espresso oder Mocca)
875 g abgetropfte Mandarinenspalten (aus der Dose)

125 ml Orangenlikör
40 g Puderzucker
500 g Joghurt (3,5 % Fett)
500 g Vanille-Joghurt
500 g Schlagsahne
(mind. 30 % Fett)

Kakaopulver

Fruchtiges Tiramisu (Foto)

Zum Vorbereiten

1. Die Cantuccini in eine große, flache Auflaufform legen und mit dem kalten Kaffee tränken.
2. Die Mandarinenspalten auf den Cantuccini verteilen, mit Orangenlikör beträufeln und mit Puderzucker bestäuben. Das Dessert zudecken und im Kühlschrank 1–2 Stunden durchziehen lassen.

3. Dann beide Joghurtsorten in einer Schüssel miteinander verrühren. Die Sahne steif schlagen und unterheben. Die Joghurt-Sahne auf den Früchten verteilen. Das Tiramisu zugedeckt in den Kühlschrank stellen und 3–4 Stunden durchziehen lassen.
4. Vor dem Servieren das Tiramisu mit Kakaopulver bestäuben.

ZUBEREITUNGSZEIT: 15 Minuten,
ohne Ruhezeit

GEFRIERZEIT: etwa 4 Stunden

GEFRIERZEIT EISMASCHINE:
etwa 35 Minuten

PRO PORTION: E: 7 g, F: 17 g,
Kh: 23 g, kJ: 1136, kcal: 272,
BE: 2,0

FÜR 10 PORTIONEN:
ZUTATEN:
80 g Traubenzucker
8 Messlöffel pflanzliches Bindemittel (8 g, z. B. Bindobin, erhältlich
im Bioladen oder Reformhaus)
60 g Magermilchpulver (erhältlich
im Bioladen oder Reformhaus)

800 g Joghurt (3,5 % Fett)
400 g Sahnejoghurt (10 % Fett)
80 g flüssiger Honig
300 g Schlagsahne
(mind. 30 % Fett)

Joghurt-Eis

Eiskalter Genuss

1. Traubenzucker mit Bindemittel und Magermilchpulver verrühren. Joghurt und Honig nach und nach unterrühren. Die Masse zugedeckt etwa 15 Minuten stehen lassen.
2. Die Sahne steif schlagen und unter die Joghurtmasse heben. Die Masse in 2 gleich große Portionen teilen. Jede

Portion in eine flache, gefrierfeste Form füllen und zugedeckt in den Gefrierschrank stellen. Die Joghurtmasse etwa 4 Stunden gefrieren lassen. Dabei die Masse alle 30 Minuten umrühren. Oder die Joghurt-Sahne-Masse in einer vorbereiteten Eismaschine in etwa 35 Minuten gefrieren lassen.

ZUBEREITUNGSZEIT: 20 Minuten, ohne Quell- und Abkühlzeit

PRO PORTION: E: 3 g, F: 6 g, Kh: 46 g, kJ: 1070, kcal: 256, BE: 4,0

FÜR 8 PORTIONEN:
ZUTATEN:
750 g Sauerkirschen
750 ml Apfelsaft
½ Pck. Dr. Oetker Pudding-Pulver Vanille-Geschmack
2–4 EL Zucker
¼ Zimtstange

1 Pck. Dr. Oetker Vanillin-Zucker
200 g Instant-Couscous
2–3 EL Butter oder Margarine
evtl. 1–2 EL Mandelsirup
einige frische Minzeblättchen

Couscous
Schmeckt Kindern
mit Karamellkirschen

1. Kirschen abspülen, abtropfen lassen, entstielen und entsteinen. 375 ml Apfelsaft abmessen. Das Pudding-Pulver mit etwa 4 Esslöffeln Saft anrühren. 1–2 Esslöffel Zucker in einem kleinen Topf bei schwacher bis mittlerer Hitze goldgelb schmelzen. Den restlichen, abgemessenen Apfelsaft hinzugießen und den Karamell loskochen. Angerührtes Pudding-Pulver einrühren und unter Rühren kurz aufkochen lassen.

2. Kirschen und Zimtstange zu der Puddingmasse geben und kurz aufkochen lassen. Die Kirschen erkalten lassen und die Zimtstange entfernen.

3. Den restlichen Apfelsaft, 175 ml Wasser und Vanillin-Zucker in einem Topf zum Kochen bringen. Couscous unter Rühren einstreuen und auf der ausgeschalteten Kochstelle unter gelegentlichem Rühren 8–10 Minuten ausquellen lassen. Den Topf von der Kochstelle nehmen. Couscous abkühlen lassen.

4. Butter oder Margarine in einer Pfanne zerlassen. Den restlichen Zucker und den Couscous hinzugeben. Die Zutaten etwa 3 Minuten unter Rühren knusprig braten.

5. Den Couscous mit den Karamellkirschen anrichten, nach Belieben mit Mandelsirup beträufeln und mit abgespülten, trocken getupften Minzeblättchen garnieren.

Tipp: Den Couscous mit Vanillejoghurt servieren. Wenn es schnell gehen soll: Den Couscous nur kurz abkühlen lassen, dann gleich braten und mit fertig gekauftem Kompott anrichten. Couscousreste mit Magerquark und 1 Eigelb verrühren, mit Zucker abschmecken. Steif geschlagenes Eiweiß unterziehen. Couscousmasse in eine Auflaufform geben, im vorgeheizten Backofen bei Ober-/Unterhitze: etwa 180 °C, Heißluft: etwa 160 °C etwa 25 Minuten backen.

Kapitelregister

Heißes aus der Auflaufform

Köstlichkeiten mit Fleisch

Etwas Süßes geht immer noch

Alphabetisches Register

Genehmigte Lizenzausgabe für Verlagsgruppe Weltbild GmbH,
Steinerne Furt, 86167 Augsburg
Copyright © 2013 by Dr. Oetker Verlag KG, Bielefeld

Redaktion Jasmin Gromzik, Miriam Krampitz

Titelfoto Thomas Diercks, Hamburg
Innenfotos Walter Cimbal, Hamburg (S. 67, 71, 73)
Fotostudio Diercks – Kai Boxhammer, Thomas Diercks, Christiane Krüger, Hamburg (S. 13,
15, 17, 21, 23, 25, 27, 29, 31, 35, 37, 39, 41, 43, 45, 47, 49, 51, 53, 55, 57, 59, 63, 65, 69,
79, 81, 83, 85, 89, 91, 95, 99, 103, 109, 113, 115, 119, 121, 123, 133, 141, 143, 147, 149,
151, 153, 155, 157, 159, 161, 163, 165, 167, 169, 171, 175, 177, 179, 181, 183, 187, 189, 191,
195, 197, 201, 203, 205, 207, 209, 211, 213, 215, 217, 219, 221, 223, 235)
Ulli Hartmann, Halle/Westfalen (S. 7, 9)
Bernd Lippert (S. 33, 93)
Janne Peters, Hamburg (S. 77, 225)
Antje Plewinski, Berlin (S. 11, 75, 101, 139, 145, 233)
Anke Politt, Hamburg (S. 227, 229, 231)
Hans-Joachim Schmidt, Hamburg (S. 19, 61, 87, 97, 105, 107, 125, 127, 129, 131, 135, 137)
Axel Struwe, Bielefeld (S. 173, 185, 193, 199)
Winkler Studios, Bremen (S. 111, 117)

Wir danken für die
freundliche Unterstützung Bahlsen, Hannover

Titelgestaltung küstenwerber, Hamburg
Grafisches Konzept
und Gestaltung MDH Haselhorst, Bielefeld
Satz und Layout MDH Haselhorst, Bielefeld

Druck und Bindung Neografia, a.s. printing house, Martin

Printed in the EU
978-3-8289-2788-9

2015   2014   2013
Die letzte Jahreszahl gibt die aktuelle Lizenzausgabe an.
Einkaufen im Internet:
www.weltbild.de